全国高职高专教育土建类专业教学指导委员会规划推荐教材

物业管理案例分析

(物业管理与房地产类专业适用)

本教材编审委员会组织编写

温小明　主编
陈德豪　主审

中国建筑工业出版社

图书在版编目(CIP)数据

物业管理案例分析/温小明主编. —北京：中国建筑工业出版社，2006
全国高职高专教育土建类专业教学指导委员会规划推荐教材 物业管理与房地产类专业适用
ISBN 978-7-112-08068-7

Ⅰ. 物… Ⅱ. 温… Ⅲ. 物业管理–案例–分析–高等学校：技术学校–教材 Ⅳ. F293.33

中国版本图书馆 CIP 数据核字（2005）第 152176 号

全国高职高专教育土建类专业教学指导委员会规划推荐教材

物业管理案例分析

（物业管理与房地产类专业适用）

本教材编审委员会组织编写

温小明　主编

陈德豪　主审

*

中国建筑工业出版社出版（北京西郊百万庄）
新华书店总店科技发行所发行
北京华艺制版公司制版
北京同文印刷有限责任公司印刷

*

开本：787×1092 毫米　1/16　印张：8½　字数：202 千字
2006 年 1 月第一版　2011 年 5 月第四次印刷
定价：13.00 元
ISBN 978-7-112-08068-7
（14022）

版权所有　翻印必究
如有印装质量问题，可寄本社退换
（邮政编码 100037）

本社网址：http://www.cabp.com.cn
网上书店：http://www.china-building.com.cn

本书是高等职业院校物业管理专业的配套教材，全书共设六章，包括物业管理制度、业主和业主大会、物业管理公司、物业管理委托与选聘、物业管理服务、物业管理收费等内容，每章均按"相关法条"、"案例精选"、"相关判例"和"思考题"的体例编写。本书既可作为高职院校物业管理专业学生的教材，又可供物业管理研究人员探讨，也可供物业管理一线工作人员参考。

＊　＊　＊

责任编辑：张　晶　吉万旺
责任设计：董建平
责任校对：刘　梅　关　健

本教材编审委员会名单

主　任：吴　泽
副主任：陈锡宝　范文昭　张怡朋
秘　书：袁建新
委　员：（按姓氏笔画排序）

马　江　王林生　甘太仕　刘建军　刘　宇　汤万龙
汤　斌　陈锡宝　陈茂明　陈海英　李永光　李渠建
李玉宝　张怡朋　张国华　吴　泽　范文昭　周志强
胡六星　郝志群　倪　荣　袁建新　徐佳芳　徐永泽
徐　田　夏清东　黄志洁　温小明　滕永健

序 言

全国高职高专教育土建类专业教学指导委员会工程管理类专业指导分委员会（原名高等学校土建学科教学指导委员会高等职业教育专业委员会管理类专业指导小组）是建设部受教育部委托，由建设部聘任和管理的专家机构。其主要工作任务是，研究如何适应建设事业发展的需要设置高等职业教育专业，明确建设类高等职业教育人才的培养标准和规格，构建理论与实践紧密结合的教学内容体系，构筑"校企合作、产学结合"的人才培养模式，为我国建设事业的健康发展提供智力支持。

在建设部人事教育司和全国高职高专教育土建类专业教学指导委员会的领导下，自2002年以来，全国高职高专教育土建类专业教学指导委员会工程管理类专业指导分委员会的工作取得了多项成果，编制了工程管理类高职高专教育指导性专业目录；在重点专业的专业定位、人才培养方案、教学内容体系、主干课程内容等方面取得了共识；制定了"工程造价"、"建筑工程管理"、"建筑经济管理"、"物业管理"等专业的教育标准；制定了人才培养方案、主干课程教学大纲；制定了教材编审原则；启动了建设类高等职业教育建筑管理类专业人才培养模式的研究工作。

全国高职高专教育土建类专业教学指导委员会工程管理类专业指导分委员公指导的专业有工程造价、建筑工程管理、建筑经济管理、房地产经营与估价、物业管理及物业设施管理等6个专业。为了满足上述专业的教学需要，我们在调查研究的基础上制定了这些专业的教育标准和培养方案，根据培养方案认真组织了教学与实践经验较丰富的教授和专家编制了主干课程的教学大纲，然后根据教学大纲编审了本套教材。

本套教材是在高等职业教育有关改革精神指导下，以社会需求为导向，以培养实用为主、技能为本的应用型人才为出发点，根据目前各专业毕业生的岗位走向、生源状况等实际情况，由理论知识扎实、实践能力强的双师型教师和专家编写的。因此，本套教材体现了高等职业教育适应性、实用性强的特点，具有内容新、通俗易懂、紧密结合工程实践和工程管理实际、符合高职学生学习规律的特色。我们希望通过这套教材的使用，进一步提高教学质量，更好地为社会培养具有解决工作中实际问题的有用人材打下基础；也为今后推出更多更好的具有高职教育特色的教材探索一条新的路子，使我国的高职教育办得更加规范和有效。

全国高职高专教育土建类专业教学指导委员会
工程管理类专业指导分委员会

前 言

物业管理实务工作中会遇到各种各样的矛盾和纠纷，如何处理这些矛盾和纠纷，是当前人们比较关心的热点问题之一，也是高职高专物业管理专业的学生应具备的一项重要技能。

本书作为高等职业院校物业管理专业的配套教材，以培养学生在物业管理实务中解决问题的能力为出发点，精选了大量物业管理案例，并进行深入分析，全书共设六章：第一章，物业管理制度，主要是帮助读者正确认识物业管理制度；第二章，业主和业主大会，主要分析和研究业主和业主大会的权利、义务以及业主大会召开的相关问题，分析和研究业主管理委员会的权利、义务、组成、召开等相关疑难问题；第三章，物业管理公司，主要分析和研究物业管理公司的权利、义务、组建、实际运作等一系列实际问题；第四章，物业管理委托与选聘，主要分析与研究在委托与聘用过程中的法律问题和实际操作问题；第五章，物业管理服务，主要分析和研究物业管理服务中的疑难问题；第六章，物业管理收费，主要分析与研究物业管理收费中遇到的实际问题与法律问题等。

本书由温小明主编，副主编为刘阳、韩现国，具体分工如下：

第一章、第二章由温小明负责编写；第三章由刘阳负责编写；第四章、第五章、第六章由韩现国负责编写。

广州市物业管理研究会副会长、广州大学管理工程系副教授陈德豪先生拨冗主审了本书，并提出了很多宝贵的意见和建议，在此我们表示衷心的感谢。

鉴于我们对有关法律法规的理解不一定十分准确、透彻，加之时间有限，疏漏之处在所难免，请各位予以批评指正。

编者

2005 年 6 月

目 录

第一章　物业管理制度 ……………………………………………………（ 1 ）
　　思考题 …………………………………………………………………（ 8 ）
第二章　业主和业主大会 …………………………………………………（ 9 ）
　　思考题 …………………………………………………………………（ 21 ）
第三章　物业管理公司 ……………………………………………………（ 22 ）
　　思考题 …………………………………………………………………（ 32 ）
第四章　物业管理委托与选聘 ……………………………………………（ 33 ）
　　思考题 …………………………………………………………………（ 48 ）
第五章　物业管理服务 ……………………………………………………（ 49 ）
　　思考题 …………………………………………………………………（ 84 ）
第六章　物业管理收费 ……………………………………………………（ 85 ）
　　思考题 …………………………………………………………………（104）
附录1　物业管理条例 ……………………………………………………（105）
附录2　前期物业管理招标投标管理暂行办法 …………………………（113）
附录3　物业服务收费管理办法 …………………………………………（118）
附录4　业主大会规程 ……………………………………………………（121）
主要参考文献 …………………………………………………………………（125）

第一章 物业管理制度

相关法条

1. 物业管理，是指业主通过选聘物业管理企业，由业主和物业管理企业按照物业服务合同约定，对房屋及配套的设施设备和相关场地进行维修、养护、管理，维护相关区域内的环境卫生和秩序的活动。
2. 在业主、业主大会选聘物业管理企业之前，建设单位选聘物业管理企业的，应当签订书面的前期物业服务合同。
3. 建设单位与物业买受人签订的买卖合同应当包含前期物业服务合同约定的内容。

——《物业管理条例》，2003年9月1日起施行

案例精选

[案例1-1] 物业管理到底是管理还是服务？

某旧小区进行物业管理后，不少居民对物业管理公司的一些工作很不理解，比如，物业管理公司的管理人员不让业主把车停放在楼下门口，把小区原来的四个出口封闭了两个，不让居民把被子拿到小区内的空地上随地晾晒等。对这些居民非常疑惑，不是说物业管理公司是我们聘请来为我们服务的吗？可物业管理公司为什么又处处管着我们业主？物业管理到底是管理还是服务？

对于物业管理是管理还是服务，物业管理公司和业主的看法是不一致的。不少物业管理公司认为，物业管理就是管理；而相当多的业主则认为，业主请来物业管理公司，就是要他们提供服务的，因而物业管理就是服务。我们认为，物业管理的实质是服务，但物业管理在服务中也不可避免地融入了管理。没有管理，谈不上服务。

[案例分析]

要弄清以上问题，必须了解物业管理中的法律关系问题。

物业管理中一个很重要的法律关系是：业主和物业管理公司之间是聘用与被聘用、委托与被委托、服务与接受服务的关系，双方是平等的民事主体，法律上没有谁管理谁的问题。从理论上说，物业管理中所包含的法律关系的实体内容是特殊的，既有服务内容，又有管理内容，寓管理于服务之中，或者寓服务于管理之中，管理和服务融合在一起，不能

分开。物业管理公司，虽然叫"管理公司"而不叫"服务公司"，并不能说明它是类似于政府的管理部门，它不能完全行使管理职能。同时，它所从事的工作，也不可能完全是服务性的。从实际情况看，物业管理工作既包括打扫卫生、房屋与设备维修、绿化清洁等服务工作，也包括住宅小区内的道路车辆管理、治安管理、制止破坏绿化的行为等具有管理性质的工作。因此，既不能将物业管理单纯理解为管理，也不能将它单纯理解为服务。

[案例1-2] 业主是小区的主人，物业管理公司是业主的仆人，对吗？

富馨物业管理公司近日把在金丽小区的管理处名称由原来的"富馨物业管理公司金丽小区管理处"改为"富馨物业管理公司金丽小区服务中心"，某业主看到后说："这才对嘛，业主与物业管理公司的关系，业主本来就应该是物业的主人，也就是小区的主人，而物业管理公司是业主请来管理自己物业的，是业主的仆人……"请问应该如何看待业主与物业管理公司之间的关系？

[案例分析]

物业管理公司与业主之间到底是什么关系？这是正确处理小区内各种问题的一个基本出发点。我们认为，业主和物业管理公司之间的关系，可以从以下几方面分析：

（1）在法律上，双方是平等的民事主体关系，没有谁领导谁，谁管理谁的问题。产权人通过业主大会在市场上选聘物业管理企业，双方在完全平等的原则下，通过双向选择签订合同，明确各自的权利与义务。因而物业管理公司与房屋产权人的关系是合同法律关系中的一种。双方通过双向选择并签订合同，这本身就说明了业主和物业管理公司是平等的民事主体关系。

（2）在经济上，双方是聘用与被聘用、委托与被委托、服务与被服务的关系，通过物业管理委托合同，双方确立起各自的权利、义务与责任。实施物业管理的实体是具有法人资格的专业企业即物业管理公司。由于房屋产权属业主所有（产权多元化），物业管理企业通过合同或契约，接受业主委托（聘用），代表业主并运用经济手段经营管理物业。物业管理公司与业主之间是服务与被服务的关系，物业管理公司的管理服务行为是企业行为，是有偿的，业主要为占有和消费物业管理公司提供的管理服务支付一定的费用。

（3）物业管理过程中，业主应处于主导地位，物业管理公司应处于被动地位。大厦或住宅小区的物业所有权应当归属于业主，业主也就是物业管理权的权力主体。业主有参加物业管理的权利，并有合理使用房屋和公用设施、维护物业的效用和价值的义务。业主以业主管理委员会为权力核心，由业主管理委员会代表全体业主与物业管理企业签订合同。在明确业主和物业管理企业的权利、责任和义务的同时，由物业管理企业接受业主的委托，按照业主的愿望与要求对物业实施管理。业主是"主人"，物业管理者是"管家"。业主属于买方即需方，物业管理公司则应为卖方即供方。作为物业管理市场上需求方的业主，通过业主管理委员会在物业管理市场上选择物业管理公司，通过他们的选择，决定物业管理公司能否有机会提供服务，进而影响物业管理公司如何生存和发展。从这个意义上讲，业主是处于主导地位的，而物业管理公司则相对来说，是处于被动地位的。

（4）要防止两种相反的倾向。一种就是业主至上，或者叫做业主至上主义。一切权利归业主，业主拥有产权就拥有物业管理的一切权利，且不承担义务，一切围绕业主的产权做文章。认为业主（代表）大会是最高决策机构。对物业管理公司的行为要求甚多，规范甚细，处罚甚严，而对业主或使用人的行为规范笼而统之，一笔带过。这种业主权力至上、不能说、不能管，用财产所有权掩盖业主或使用人对他人、对社会所应承担责任的观点，对真正公平公正的市场经济是有害的。另外一种倾向就是所谓物业管理就是"管理"，物业管理公司就是"管理者"的观念。有些发展商没有意识到商品房经过交易后自己位置的转换，有些物业管理公司以当然的管理者、当然的领导、当然的"太上皇"身份来"治理"业主，由此导致了一系列法律纠纷的出现。

[案例1-3] 物业管理到底管些什么或有什么服务？

自从我们小区进行物业管理后，我家每月就要多交上百元的物业管理费，可我除看见多了保安、小区干净一些外，并没有发现物业公司还给我们提供了什么服务。请问，物业公司的管理到底管些什么或有些什么服务？

[案例分析]

物业管理的主要对象是住宅小区、综合办公楼、商业大厦、宾馆、厂房、仓库等。它的管理范围相当广泛，服务项目多层次多元化。总的来看，物业管理涉及经营与管理两大方面，包含服务与发展两大部分，涉及的工作内容比较繁琐复杂。归纳起来，可把物业管理的管理服务内容分为以下三个方面：

1. 基本管理与服务

基本管理与服务是指物业管理企业直接针对物业和所有业主的各项具体管理服务，有人把它称为公共管理服务。归纳起来，它一般包括八个方面：

（1）房屋维修养护管理。主要内容包括房屋的质量管理、房屋维修施工管理和房屋修缮行政管理等。对物业管理企业来讲，房屋维修管理主要指前两种。

（2）房屋设备管理。主要包括给排水管理、电梯管理和供电管理三个部分。

（3）环境环卫管理。具体包括环境管理、卫生管理和绿化管理三个方面的内容。

（4）治安管理。主要通过值班、看守、巡逻等防止事故发生以及处理突发事件等。

（5）供暖管理。包括燃料供应、锅炉操作、设备维修和用户管理等诸环节。

（6）消防管理。如消防设备的维护、保养与更新等。

（7）装修管理。如对装修单位资格的管理、装修行为的管理等。

（8）车辆交通管理。如机动车辆的进出和停放管理等。

2. 综合经营管理与服务

综合性经营服务是一个全方位、多层次的服务，具体包括：

（1）衣着方面。如洗衣（尤其是干洗）服务、制衣、补衣服务等。

（2）饮食方面。如快餐盒饭、送饭服务；音乐茶坊；燃料供应及代送服务等。

（3）居住方面。如房屋看管；房屋装修；房屋清洁；搬家服务；物业租售代理等。

（4）行旅方面。如单车出租；组织旅游等。

（5）娱乐方面。如美容美发服务；组建棋牌社、读书社、桥牌俱乐部、影视歌舞厅、健身房、游泳池、网球场等并提供服务等。

（6）购物方面。如果菜供应服务；设立小商店，供应日用百货等。

（7）其他方面：如绿化工程服务；为业主或租户提供的代订代送牛奶、代送报纸杂志、代送病人就医、送药、代住户搞室内卫生、洗衣物、代雇保姆、代定购车船机票等。

3. 社区管理与服务

主要是协助街道办、居委会进行社区精神文明建设等管理活动。如：组织和开展各种各样的活动，包括："五好家庭"的评奖活动、见义勇为业主或租户颁奖活动、业主或租户义务植树、义务清洁活动等。

住宅小区的一般家庭享受的管理服务主要就是第一种，即公共性的管理服务，这些服务中，保安和清洁卫生管理两项内容更是经常性的，一般的家庭都能感受得到，而其他的管理服务相对来说，要么面对的家庭面没有前面两项广，要么没有前面两项更具经常性，所以有些家庭没有感受到或注意到。尽管如此，这些管理服务是现实存在的，是需要花费人力、物力和财力的，因此，根据实际情况向住户收取一定的管理服务报酬也是正当的。

上述管理服务是从大的方面来说的，如果再从较小的角度来看，物业管理主要负责公共区域、公共场所、公共部分、公共物品的管理，涉及私人领域、私人场所、私有部分及私有物品，则需要相关业主另外委托。总的来看，上述管理服务范围是物业管理公司可以开展的管理服务工作，具体到某一个小区，到底提供哪些管理服务，什么范围的管理服务，是物业管理公司和业主大会或单个业主协商后的事情。只有规定到合同或协议中的管理服务与管理范围，才是该小区的管理服务内容及管理范围。

[案例1-4] 单位买了一批房子，是否可以由单位进行物业管理？

某机关将小区内的一栋住宅楼全部买下，后以较低的价格卖给单位职工居住。由于小区的物业管理公司将对小区内物业进行统一管理，该单位感觉物业管理费比较高，而且物业管理服务质量也差强人意，所以就想把自己买下的这栋楼封闭起来，由本单位自己进行管理或由本单位委托其他物业管理公司来管理。发展商明确告知该单位，绝不能由其单独进行物业管理。该单位对此不以为然。该单位员工认为，不是说业主有权选聘物业管理公司吗？我们的权利你发展商有什么权力来干涉。所以双方为此争得不可开交。那么，单位可否对自己买下的一批房子由单位单独进行物业管理呢？

[案例分析]

可以非常明确地说，单位不能对自己买下的部分住宅楼实行单独管理，小区必须实行专业化的、由一家物业管理公司实施的统一的物业管理。

（1）《物业管理条例》第三十四条明确规定："一个物业管理区域由一个物业管理企业实施物业管理。"从法律上明确了在一个物业管理区域（如一个小区）内，只能有一个物业管理主体，而不能"多头管理"。

（2）本案例中，购房单位虽然将小区内的一栋楼全部买下，但是该住宅楼只是这个小区的一部分，该单位的员工也只是这个小区业主的一部分，与其他业主的权利平等。作为业主，该单位的职工有权参与选聘或解聘物业管理公司。但是这种权利不能任意地、无限制地行使，而必须按照法定的程序通过业主大会来行使，业主大会应该代表全体业主的利益。该单位的部分业主不能按照自己的意愿，在没有业主大会或绕过业主大会的情形下，擅自做出决定，或者干脆要求自己管理自己的部分物业。同时，这样做也是不尊重全体住户业主权的表现，因此该单位应该接受物业管理公司的统一管理，如果对该物业管理公司的服务不满意，则可以通过业主大会按照特定程序予以解聘。

（3）随着我国住房制度的改革深化，物业已分散售给了老百姓，售出的房屋具备了私有属性，但是由于现代物业的特点，决定了房屋与相关设施间是不可分割的，例如每套房屋都与整幢楼宇紧密相连，中间层的每套房屋的地板就是楼下房屋的屋面，每套房屋的屋面就是上一层房屋的地板，每户分担的公共楼梯都是本层以上住户的必由通道。另外，就一个小区来说，每一栋楼都是小区的组成部分，都享用着小区的一些公共设施，因而它们与小区整体也是不可分割的，该单位如果封闭该住宅楼，必然侵害其他住户对于公共建筑、公共场地、绿化地等的共有权。这种房产的整体性的特点，决定了不可能由业主各自分散进行维护管理，而必须通过政府行政主管部门资质认可的专业机构（物业管理公司）来操作。建设部《城市新建住宅小区管理办法》第十四条也明确规定，房地产产权人和使用人不能私搭乱建，随意占用、破坏绿化，污染环境，影响住宅小区景观。对违反本规定的物业管理公司有权予以制止、批评教育、责令恢复原状、赔偿损失。可见，单独封闭某一楼宇自己进行物业管理是不行的。

[案例 1-5] 炒掉物管，自己管理自己行不行？

在深圳的一些住宅小区业主委员会酝酿申请业主"自治"的呼声中，"自治"与"自管"成为国内物业管理行业中讨论得最热烈也最敏感的话题。业主与物管企业之间的矛盾和纠纷也史无前例地尖锐起来，业主们"炒掉物管企业，自己管理自己"的口号被提上了台面，似乎只要业主与物管企业在处理问题上达不成一致意见，或者物管企业只要在某一方面做得不是很到位，就有被炒之嫌，一时间物管企业如履薄冰，业主们也大有"自治"一统天下之势。那么，炒掉物管，自己管理到底行不行呢？

[案例分析]

通俗地说，业主"自治"是一种业主实施管理的权利，自 2003 年 9 月 1 日起施行的《物业管理条例》，以及《深圳经济特区住宅区物业管理条例》中都明文规定，业主自治是通过业主和业主委员会选聘物管企业来实现管理。而业主"自管"是一种具体的方式，也就是一种由业主自己代劳、自行管理的行为，在现实的操作中有很多不科学不合理的地方。当前业主要想更好地实现"财产管理权"，应该把重点放在真正建立一套能够公平、公正、公开进行提议、表决的议事规则和程序上，把自己的管理权利体现在对物业管理企业的监督和聘用上。至少在目前和未来几年内，业主"自治"将仍然只能以自由选聘、解聘物业管理企业和监督企业的日常管理和服务的形式表现出来。

在《深圳经济特区住宅区物业管理条例》中，对"物业管理"的定义作出了明确的规定——"业主通过选聘物业管理企业，由业主和物业管理企业按照物业服务合同约定，对房屋及配套的设施设备和相关场地进行维修、养护、管理，维护相关区域内的环境卫生和秩序的活动"。

也就是说，只有业主选聘了物业管理公司，有关各方按规定进行的相关活动，才能叫作物业管理。而业主"自管"的物业没有聘请物业管理公司，而由业主自己实施管理，这种行为则不属于物业管理，也就无法受到该条例的保护，其合法权益的保障将失去法律依据。

此外，根据国家《物业管理条例》规定，从事物业管理业务的必须是独立的法人单位和持有物业管理资质证书的企业，而目前我国的业主委员会既不是独立的法人单位，也不具备经营管理和服务的营业资格，包括还没真正形成的物业管理职业经理人，其个体也没有独立承揽物业管理业务的资格。从这个角度讲，实行业主"自管"，或由业主委员会将物业管理业务直接委托给职业经理人个体来经营，还缺乏法律上的支持和实际操作上的可能。

要真正解决小区的管理和服务问题，使小区的生活秩序更加美好，广大业主和业主委员会应该通过规范的招投标工作，选聘好物业管理企业，真正通过法律的途径来保护自己的合法权益。

[案例1-6] 业主管理委员会能不能不请管理公司而自己管理物业？

一些业主管理委员会认为，物业的所有权是自己的，因而管理权也由自己支配，物业管理实际上很简单，就是打扫卫生、看看大门之类的琐碎事，可以不请专业的管理公司管理，与其让物业管理公司赚钱，不如自己管理划算。那么，业主管理委员会能不能不请管理公司而自己管理物业呢？

[案例分析]

业主管理委员会不请管理公司自己管理物业有两种情况。第一种情况，即在业主（代表）大会同意并授权下，业主管理委员会通过某种形式，成立了获得政府资质审批的专业物业管理公司，由该专业物业管理公司来进行物业管理；第二种情况，即业主管理委员会不成立物业管理公司，而由业主管理委员会的委员以及部分业主组织一个管理队伍（没有政府批准的资质），行使日常性物业管理的权利，对于一些复杂的项目则委托给专业的物业管理公司。

我们认为，对于第一种情况，业主管理委员会完全可以自己行使物业管理权，因为这也符合政府对物业管理以及物业管理公司的有关政策。而对第二种情况，我们则认为是不可以的，主要有如下原因。

第一，业主管理委员会没有经验及能力做好物业管理工作。物业管理是一门专业，也是一门科学与艺术，它远非看看门、打扫卫生这么简单，而是要负责整个区域的公共地方、公共设施、公有事务的管理。即使清洁工作，一些综合性大厦除了要做好公共地方的清扫外，还要抛光打蜡、清洗外墙，其工艺复杂，操作繁琐，技术性强，难度大，工作任务重。业主管理委员会仅靠业余时间无法完成这些工作，即使是脱产专干，也因不熟悉物业管理的各项业务而难以做好管理工作。

第二，业主管理委员会不便自己进行物业管理。物业管理工作需要各种费用的支持，而管理费则主要来源于全体业主。业主管理委员会成员也是业主之一，他们是否按实缴交，容易引起其他业主的怀疑；另外，大量的管理支出，是不是正当合理的开支，会不会以"权"谋私，这也是业主管理委员会成员难以摆脱的嫌疑。

另外，如果由业主管理委员会来自管物业，也不利于物业管理的健康发展，不利于物业管理水平的提高，业主难以享受到称心的服务，物业管理也无法朝专业化、市场化、规范化的方向发展。

[案例1-7] 物业管理一定要签订物业服务合同吗？

我们是偏远城市旧小区的房管部门，最近我们单位正按政府主管部门的要求进行内部整改，准备成立物业管理公司，以独立的法人身份到市场上去接新的业务，可是我们对市场化的物业管理基本不了解。请问我们在签订物业服务合同时，应该注意什么？

[案例分析]

物业管理委托合同首先必须以示范文本为范本，以保证公正性、完备性、适用性和严肃性，同时还要注意物业管理委托合同中的以下内容：

（1）总则。总则中，一般应当载明下列主要内容：① 合同当事人，包括聘用方（一般简称为甲方）和受聘方（一般简称为乙方）的名称、住所和其他简要情况介绍；② 签订本物业管理委托合同的依据，即主要依据哪些法律法规和政策规定；③ 委托物业的基本情况，包括物业的建成年月、类型、功能布局、坐落、四至、占地面积和建筑面积概况等。

（2）物业服务事项。也就是具体负责哪些方面的问题，有哪些管理任务等。委托管理事项主要阐述管理项目的性质、管理项目由哪几部分组成等。一般来说，它主要包括：建筑物本体建筑的维修养护与更新改造；物业共用设备、设施（如共用照明、中央空调、电梯、天线、高压水泵房等）的使用管理、维修、养护和更新；物业区域内市政公用设施和附属建筑物、构筑物的使用管理、维修、养护与更新；附属配套建筑和设施，包括商业网点等的维修、养护与管理；环境卫生管理与服务；安全管理与服务（如治安管理、消防管理和车辆道路安全管理等）；物业档案资料管理；环境的美化与绿化管理，如公共绿地、花木、建筑小品等的养护、营造与管理；供暖管理；社区文化建设以及业主或使用人的自用部位和自用设备的维修与更新；业主或业主管理委员会委托的其他物业管理服务事项等。

（3）物业服务费用。物业管理委托合同中的管理费用应包括：① 管理费用的构成，即物业管理服务费用包括哪些项目；② 管理费用的标准，即每个收费项目收费的标准；③ 管理费用的总额，即合计每建筑面积或每户每月（或每年）应交纳的费用总计；④ 管理费用的交纳方式与时间，即是按年交纳，按季预交，还是按月交纳；是分别交纳还是汇总交纳；什么时间或日期交纳等；⑤ 管理费用的结算，如是实报实销，还是多退少补等；⑥ 管理费标准的调整规定，即管理费调整的办法与依据等；⑦ 逾期交纳管理费用的处理办法，如处罚标准与额度等；⑧ 某些管理费用的承担责任，如对于房屋的大中修费用，如何分摊或承担等；⑨ 专项服务和特约服务收费的标准；⑩ 公共设备维修基金的管理办法等。

（4）合同双方的权利与义务。不同的物业，其物业管理的项目和具体的内容也不同，物业管理服务需求双方的权利与义务也不可能完全一致。所以，对于不同类型的物业，合同双方都要根据该物业的性质和特点，在物业管理委托合同中制定出有针对性的、适宜的权利与义务的关系来。

（5）管理服务质量。为了体现物业管理公司实施物业管理的质量水平，或者说管理的要求和标准如何，用统计数字进行量化管理是可行的。对于一些管理要求和标准难以量化时可以用一些定性的明确语言表示出来。

（6）合同期限。在物业服务合同中，一定要明确合同的起止时间。这个起止时间一定要具体，有时甚至要精确到某年某月某日某时某分。另外，有时还要规定管理合同终止时，物业及物业资料如何交接等问题。

（7）违约责任。违约责任是物业管理委托合同中一项不可缺少的组成部分。缺少了违约责任的条款或违约责任规定得不明确，都会使违约者逃避法律和合同的制裁，损害恪守合同的当事人一方的合法权益。因此，违约责任应尽可能订得具体明确。

（8）附则。通常应注明以下具体内容：① 合同何时生效，即合同的生效日期；② 合同期满后，是否续约的约定；③ 对合同变更的约定，包括对合同执行条件、收费、履行时间、管理项目、标准等变动的处理办法或约定；④ 合同争议解决办法的约定；⑤ 当事人双方约定的其他事项。

思 考 题

1. 如何理解物业管理公司和业主之间的关系？
2. 物业管理服务的内容包括哪些？

第二章　业主和业主大会

相关法条

1. 房屋的所有权人为业主。业主在物业管理活动中，享有下列权利：
（1）按照物业服务合同的约定，接受物业管理企业提供的服务；
（2）提议召开业主大会会议，并就物业管理的有关事项提出建议；
（3）提出制定和修改业主公约、业主大会议事规则的建议；
（4）参加业主大会会议，行使投票权；
（5）选举业主委员会委员，并享有被选举权；
（6）监督业主委员会的工作；
（7）监督物业管理企业履行物业服务合同；
（8）对物业共用部位、共用设施设备和相关场地使用情况享有知情权和监督权；
（9）监督物业共用部位、共用设施设备专项维修资金（以下简称专项维修资金）的管理和使用；
（10）法律、法规规定的其他权利。
2. 业主在物业管理活动中，履行下列义务：
（1）遵守业主公约、业主大会议事规则；
（2）遵守物业管理区域内物业共用部位和共用设施设备的使用、公共秩序和环境卫生的维护等方面的规章制度；
（3）执行业主大会的决定和业主大会授权业主委员会作出的决定；
（4）按照国家有关规定交纳专项维修资金；
（5）按时交纳物业服务费用；
（6）法律、法规规定的其他义务。
3. 物业管理区域内全体业主组成业主大会。业主大会应当代表和维护物业管理区域内全体业主在物业管理活动中的合法权益。
4. 一个物业管理区域成立一个业主大会。物业管理区域的划分应当考虑物业的共用设施设备、建筑物规模、社区建设等因素。具体办法由省、自治区、直辖市制定。同一个物业管理区域内的业主，应当在物业所在地的区、县人民政府房地产行政主管部门的指导下成立业主大会，并选举产生业主委员会。但是，只有一个业主的，或者业主人数较少且经全体业主一致同意，决定不成立业主大会的，由业主共同履行业主大会、业主委员会职责。
5. 业主在首次业主大会会议上的投票权，根据业主拥有物业的建筑面积、住宅套数等因素确定。具体办法由省、自治区、直辖市制定。
6. 业主大会履行下列职责：

(1) 制定、修改业主公约和业主大会议事规则；
(2) 选举、更换业主委员会委员，监督业主委员会的工作；
(3) 选聘、解聘物业管理企业；
(4) 决定专项维修资金使用、续筹方案，并监督实施；
(5) 制定、修改物业管理区域内物业共用部位和共用设施设备的使用、公共秩序和环境卫生的维护等方面的规章制度；
(6) 法律、法规或者业主大会议事规则规定的其他有关物业管理的职责。

7. 业主大会会议可以采用集体讨论的形式，也可以采用书面征求意见的形式；但应当有物业管理区域内持有1/2以上投票权的业主参加。业主可以委托代理人参加业主大会会议。

8. 业主大会作出决定，必须经与会业主所持投票权1/2以上通过。业主大会作出制定和修改业主公约、业主大会议事规则，选聘和解聘物业管理企业，专项维修资金使用和续筹方案的决定，必须经物业管理区域内全体业主所持投票权2/3以上通过。业主大会的决定对物业管理区域内的全体业主具有约束力。

9. 业主大会会议分为定期会议和临时会议。业主大会定期会议应当按照业主大会议事规则的规定召开。经20%以上的业主提议，业主委员会应当组织召开业主大会临时会议。召开业主大会会议，应当于会议召开15日以前通知全体业主。

10. 业主委员会是业主大会的执行机构，履行下列职责：
(1) 召集业主大会会议，报告物业管理的实施情况；
(2) 代表业主与业主大会选聘的物业管理企业签订物业服务合同；
(3) 及时了解业主、物业使用人的意见和建议，监督和协助物业管理企业履行物业服务合同；
(4) 监督业主公约的实施；
(5) 业主大会赋予的其他职责。

11. 业主委员会应当自选举产生之日起30日内，向物业所在地的区、县人民政府房地产行政主管部门备案。

12. 业主公约应当对有关物业的使用、维护、管理，业主的共同利益，业主应当履行的义务，违反公约应当承担的责任等事项依法作出约定。业主公约对全体业主具有约束力。

13. 业主大会议事规则应当就业主大会的议事方式、表决程序、业主投票权确定办法、业主委员会的组成和委员任期等事项作出约定。

——国务院《物业管理条例》，2003年9月1日起施行

案例精选

[案例2-1] 买房但尚未取得产权证，我是业主吗？

我们小区在准备召开业主代表大会核定业主代表时，一些工作人员对我的代表资格存有异议，认为房子虽然可能事实上是我买的，但我没有取得房产证，没有证据证明我就是

业主,请问,买房暂时尚没有取得产权证,我就还不能被称为业主吗?

[案例分析]

这个案例实际上涉及业主的概念问题。我们先来看一看什么是业主和使用人?

所谓业主,简单地说,就是指某物业(房屋及相关设备设施和场地)的所有权人。对于期房买卖合约的买方,严格来说,只有等到所购物业进行契证登记后,才能成为法律上的业主。但一般情况下,如果有经过政府房地产管理部门鉴证及公证机关公证的房地产预售合同或买卖合同的买主,亦可视为业主。也就是说,这里的业主是狭义的物业业主,它并不包括一般意义上的广义业主的内涵。某个物业的业主可以是一个单位或个人,也可以有共同的所有人,即可以有多个单位或者个人。

所谓使用人,简单地说,就是指物业的使用权拥有人,我们一般称他为租用人、租客(户)或者住户。使用人可以是业主,也可以是业主以外的单位或个人。当业主不但拥有,而且事实上也使用着房屋物业时,他就是使用人。现阶段商品住宅的大多数业主同时也是使用人(所购商品住宅用于自住而非出租的情形)。相对于业主而言,使用人的数量总体上要多得多。

业主和使用人的构成比较复杂,目前来看,一般由两部分构成,即法人团体和住户。其中,法人团体包括企业、事业单位和社会团体等;住户包括本市住户和外地住户、业主型住户和只拥有使用权的使用型住户、外国籍和本国籍住户以及高收入住户、中等收入住户、工薪阶层和低收入住户等。

弄清楚概念以后,我们再回过头来,分析一下你到底是不是该小区业主的问题。很明显,因为办理产权证需要一些时间,你一时尚没有取得产权证,也是很正常的。当然,从法律意义上说,你还不是业主,但如果你能提供经过政府房地产管理部门鉴证及公证机关公证的房地产预售合同或买卖合同,该合同上的买主的名字是你的,你也就应该被认定为业主,从而可以顺理成章地去参加业主代表大会。反之,如果合同上买主的名字是你的配偶、子女或者其他人,那你就不是业主,尽管你也实际上在该房屋中居住与生活,也只能说你是使用人。

[案例 2-2] 不是业主就不能参加业主代表大会吗?

某小区在准备召开业主代表大会核定业主代表时,工作人员对一位老太太存有异议,认为她不是小区的业主,不能参加业主大会。事后了解,原来这个老太太是本小区某业主的岳母,该业主认为,自己的岳母退休在家,身体也不错,又热心,而自己平时工作忙,由岳母代表自己参加业主代表大会,甚至参加业主委员会,是完全可以的。请问,不是业主就不能参加业主代表大会吗?

[案例分析]

我们先来看看哪些人可以参加业主代表大会。业主大会由全体业主组成,当业主人数较多时,可以按比例推选业主代表,组成业主代表大会。业主大会或业主代表大会是行使业主自治管理权、决定物业重大管理事项的重要组织形式和最高权力机构。

由上述概念可知,业主是业主大会或业主代表大会的惟一组成成分,业主参加业主

（代表）大会既是合情合理，又是合乎法律规定的。当然，这并不是说，业主（代表）大会只能是业主才能出席，其他人就没有出席的权利和可能，事实上，由于各种原因，真正的业主可能暂时无法出席，或者不便出席，比如出差、生病等，而业主的权利又需要行使，这种情况下，业主的亲属包括其父母、子女、爱人等（可能是，也可能不是物业的使用人），以及物业的租户，在完成一定的法律手续后，都有资格代替业主参加业主（代表）大会。

上面已经说过，非业主在完成一定的法律手续后，都有资格代替业主参加业主（代表）大会，这个法律手续就是有业主的书面委托，无业主书面委托而参加业主大会的非业主参加人将被视为无效的参加人。不过，有时为了加强租户对业主活动情况的了解，大多数业主同意租户列席会议时，租户就可以以第三人身份旁听，并将自己对入会有关事宜的意见私下与业主交换。需要注意与说明的是，为便于大会组织者核对委托人及被委托人身份，委托双方至少应在开会前48小时将委托函及有关身份证明文件送交大会。

非业主参加业主（代表）大会，其直接的权利来源于业主，非业主代表的就是委托他（她）的业主。也就是说，业主的权利通过委托部分转移给了非业主，这样，非业主只能拥有业主的部分权利，主要就是发言权和投票权，在业主大会上，受委托的非业主代表可以就物业管理问题发表意见，并代表业主对业主大会的决议进行投票。

但非业主代表本人没有被选举权，不能成为业主委员会候选人参选业主委员会委员，业主委员会成员是一种基于身份的权利，不具有可转让性，所以业主只能委托其亲属或其他人以自己的名义出席业主大会，代自己行使有关权利，而不能以被委托人本人的名义参选业主委员会委员。即使业主将此种权利明确委托给他人，也不具有法律效力。

[案例 2-3] 未满 18 岁的业主能否参加业主（代表）大会？有没有选举与被选举权？

某小区成立业主委员会过程中，在核定产权人出席会议参加投票时，发现一位产权人是17岁的孩子，经过了解才知道，父母考虑自己年岁已高，购买的房产迟早都要留给孩子，让孩子作为产权人，可免除以后缴遗产税等繁琐之事。请问，17岁的孩子能否参加业主（代表）大会？有没有选举权与被选举权呢？

[案例分析]

该案例涉及小区居民当选业主委员会委员的资格问题，遇到这类问题，我们不仅要从业主的角度考虑，也应按照民法来分析公民的民事权利，从而判断出该居民是否有能力参加业主委员会，是否能参选。按照我国民法通则有关条例来看，公民的民事行为能力通常包括以下内容：即公民以自己的行为获得民事权利、承担民事义务的能力，以及公民以自己行为获得处分其财产的能力和承担财产的责任的能力，由于受年龄、智力、精神状态等限制，民事行为能力人通常分为完全民事行为能力人、无民事行为能力人和限制民事行为能力人三种情况。

（1）完全民事行为能力人，指达到法定成年年龄的公民。通常18岁以上的公民是成年人，具有完全民事行为能力，可以独立进行民事活动，是完全民事行为能力人。另外，16周岁以上不满18周岁的公民，以自己的劳动收入为主要生活来源的，视为完全民事行为能力人。

(2) 无民事行为能力人，指不具有以自己行为取得民事权利、承担民事义务资格的人。不满10岁的未成年人或虽已达成年而完全不能辨认自己行为的精神病人是无民事行为能力人，他们的民事活动由其法定代理人代理。

(3) 限制民事行为能力人，指具有部分民事行为能力的人。10周岁以上不满18周岁的未成年人是限制民事行为能力人，可以进行与其年龄、智力相适应的民事活动，其他民事活动要由法定代理人代理。此外，不能完全辨认自己行为的精神病人也是限制民事行为能力的人，可以进行与他的精神健康状况相适应的民事活动；其他民事活动由他的法定代理人代理，或者征得他的法定代理人的同意。

该业主不满18周岁，一般来说，应该属于第三种限制民事行为能力人，其民事活动要由其法定代理人代理，即由其监护人（父母）作为代表参加业主（代表）大会，并参加投票，该17岁的业主本人不能参加业主（代表）大会，也没有直接的选举与被选举权。当然，如果该业主已经没有上学，而是以自己的劳动收入为主要生活来源，则可视为完全民事行为能力人。

[案例2-4] 个别业主有要求，可以召开业主大会吗？

某住宅小区业主李某就车辆管理问题与物业管理公司的员工发生争吵，以致对物业管理公司不满，于是就向业主委员会主任提出书面申请，请求立即召开业主大会，讨论物业管理公司服务水平及解聘问题。请问，个别业主有要求，就可以召开业主大会吗？

[案例分析]

这个问题涉及到业主大会临时会议召开的条件。

业主委员会成立之后，应当由业主委员会组织召开业主大会。业主大会每年至少召开一次。在业主的各种权利与义务活动中，自然会存在一些突发的、临时产生的、不及时解决又影响下一步工作的问题，因此，根据工作需要，可以召开业主大会临时会议，召开业主大会临时会议的条件具体包括：

(1) 发生重大事故或重大物业管理事项，有必要及时协商处理，经物业管理公司或业主委员会请求时。

(2) 经20%以上的业主以书面形式说明召集的目的与理由并申请召开时。

由此可见，个别业主在一般情况下是无权要求召开业主大会临时会议的。除非该业主能够动员占全体业主一定比例（20%以上）的业主以书面形式申请时，才有可能为业主委员会接受并组织召开业主大会临时会议。由物业管理公司与每一个业主签订该公约的基础上，物业管理工作才能顺利开展。

[案例2-5] 业主没有参加《业主临时公约》的制订但却要遵守，合理吗？

某业主接到入住通知后赶去办理手续，开发商和物业管理公司告诉他，要先签订《业主临时公约》，然后才能把钥匙给他。该业主认为自己没有参加制订业主临时公约，业主临时公约是开发商和物业管理公司制订的，并且自己不同意《业主临时公约》中的某些条款，因此不肯签，而开发商和物业管理公司因此拒绝交付钥匙，请问：

(1) 签订《业主临时公约》能否作为交付房产的前提条件？

(2) 业主能否以自己没有参加制订《业主临时公约》为由而拒签？

[案例分析]

(1) 我们认为，不能以是否签订《业主临时公约》作为交付房产的前提条件。因为，购房人和开发商之间的买卖关系是以购房人交付房价款，开发商交付房屋为基础的，只要购房人交付全部的房价款，开发商就应该无条件地交付房屋，而不能把业主是否签订《业主临时公约》牵扯到这个合同的履行上来，否则，开发商就违反了购房合同，如果给购房人造成损失，购房人有权就此提出诉讼或赔偿要求。另外，根据目前我国关于物业管理的有关法律与规定，物业管理公司是受广大业主之委托才进入物业区进行管理的，他们之间的关系是聘用与被聘用、委托与被委托的关系。虽然在物业管理初期由发展商自行管理或由发展商指定管理，但这都属于临时措施，所有业主并未因此而放弃重新选择管理公司的权利，而这种权利的行使是通过业主大会和业主委员会得以实现的。尽管由于各种原因，各个业主不能直接参与制订更加体现公平原则的业主临时公约，业主临时公约一般都由开发商和物业管理公司制订，但开发商和物业管理公司却不能以签订《业主临时公约》作为交钥匙的前提条件，这种做法在法律上没有任何依据，显然也是错误的。如果非采取这种做法不可的话，权宜之计是要告诉广大业主，此《业主临时公约》是临时性的，一旦业主委员会成立之后，业主将有权参与新的业主临时公约的制定，然后重签新的公约。

(2) 我们认为，如果开发商以签订公约作为交房的前提，业主有权拒签，但业主不能以自己没有参加制订《业主临时公约》为由而拒签，因为这跟物业管理的阶段性密切相关。

物业管理按阶段可划分为两个阶段，第一阶段是指从发入伙通知书开始，到业主委员会成立之前，这一阶段一般在一两年之间；第二阶段是业主委员会成立后的时期。

在第一阶段，由于开发商是首任业主，而且物业管理经费的绝大部分都由开发商来承担，这时的业主临时公约和管理费标准由开发商和物业管理公司共同制订是理所当然的，这时的业主临时公约主要体现开发商和物业管理公司的愿望和意志。

第二阶段，开发商所占产权的份额不超过49%，而入住业主所占产权份额超过了51%，已成立业主大会和业主委员会，此时业主大会就可以对第一阶段开发商聘请的物业管理公司及业主临时公约进行审核，决定是否续聘该物业管理公司，同时修改业主临时公约。第二阶段业主临时公约是在上阶段业主临时公约合理性的基础上，加强和体现了业主临时公约的民主性和合法性。这时业主大会修改和通过了新的业主临时公约，让新的业主临时公约体现占产权份额大多数的业主的愿望和意志。

当然，业主临时公约关系到物业区内的每一个业主的利益，所以每一个业主都有权仔细阅读公约的每一条，都有权提出自己的修改意见，但这种意见应该通过业主委员会来反映出来。业主委员会要与物业管理公司密切合作，认真反复研究，结合各物业区的特点，制定出切实可行的公正的物业业主临时公约。

[案例2-6] 业主没有参加业主大会投票，可以不接受大会通过的决议文件吗？

某大厦成立业主委员会时，某业主因故没有参加业主大会，也没投票，后得知业主大会已经开过，并通过了《业主公约》、《业主委员会章程》等有关自治管理文件。他找到了业主委员会主任及物业管理公司提出质询，声称没有得到参加业主大会通知，所以对业主大会通过的一切决议及文件概不接受。该业主提出的观点正确吗？

［案例分析］

业主没有参加业主大会而不承认、不遵守业主大会的一切决议是不对的。这一问题我们要从业主委员会成立并召开的合法性来看。业主大会的召开及业主委员会的成立，有自己的一整套要求与程序。只要大会符合下列条件：① 符合业主大会召开的条件；② 过半数具有投票权的业主到会，到会具有投票权的业主过半数通过文件决议，则业主大会通过的决议就将自动生效，就有权威性，全体业主就应无条件接受并遵守。当然，业主或业主代表应亲自出席大会并投票，或委托他人出席并投票，否则将被视作弃权，弃权者也必须服从大会作出的决议。

业主因各种原因不参加业主大会的情况很常见，所以政府部门以及开发单位或物业管理公司在组织召开业主（代表）大会时，应充分估计各种可能情况，在召开业主（代表）大会前，提前15天把召开大会的时间、地点等以公告的形式公布出来，同时，对一些可能得不到大会最后召开消息的人士，要以挂号信函、邮件或电话等形式，保证通知到人，让业主有所了解，并请这些业主明确表态，是回来参加会议，还是委派代表参加，这也有利于对出席开会人数进行有效统计。

［案例 2-7］ 个别业主能否以未签物业服务合同为由拒交物业管理费？

某花园住宅小区共有业主 950 户，各户房屋经综合验收合格交付业主使用。该小区 935 户业主与某物业管理公司签订了《物业服务合同》，委托该物业管理公司进行物业管理。而另外 15 户以未签《物业服务合同》为由，一直拒交物业管理费，同时拖欠水电、卫生、消防等费用，物业管理公司多次催交无效，遂将这 15 户告上法庭。请问，个别业主能否以未签物业管理合同为由拒交物业管理费？

［案例分析］

我们认为，个别业主不能以未签物业服务合同为由拒交物业管理费。

（1）物业服务合同属于集体合同，是物业管理公司与业主的代表——开发建设单位或业主委员会签订的，而不是与某单个业主签订的。物业管理合同应该是物业的产权人与物业管理公司订立的合同，但由于物业的产权人是一个分散的群体，很难达成统一的认识，因此，物业的产权人一方的意见是由业主委员会来代表的，业主委员会是物业的产权人选举产生的，产权人在选择业主委员会代表其订立物业管理合同时实际上就意味着放弃其单独对外选择物业管理公司的权利，代之以由业主委员会来代理行使这项权利，当然业主委员会的选择也是多数小业主的选择，很难说是每一位小业主的选择。业主委员会所代表的是一种集合的意志，从这个意义上说，物业服务合同在某种程度上具有集体合同的特征。需要说明的是，作为集体合同，它只能代表大多数业主或使用人的意志，而不可能代表所有业主或使用人的意志。正因为这样，有些业主或使用人会感觉到合同的某些条款对自己明显不利，也有些业主或使用人会认为某些合同条款并不是自己意思的表示，因而有意或无意地去破坏或不履行合同。

（2）住宅房屋具有物业（公共部位、共用设备设施）不可分割和管理服务共享的特殊属性，不因个别业主不签《物业服务合同》，而使整个小区（楼栋）都不参加物业管理。本案例中某小区950户业主中有935户已经签订物业服务合同，实际上已经代表了绝大多数业主，甚至可以说，委托某物业管理公司管理实际上就是全体业主的意志，是业主委员会的意志，因此，个别业主以自己没有签订物业服务合同为由拒绝交纳物业管理费，其理由是站不住脚的。

（3）物业管理公司对被告住宅楼公共部位和共用设施设备提供的管理维修保洁、代收发报刊信件、代收缴杂费、物业档案管理等一系列服务，双方已经形成事实上的合同关系，被告理当履行交纳管理服务费的义务，并应承担相关利息、滞纳金及诉讼费用。

（4）案例中的业主不但拖欠物业管理费，而且同时拖欠水电等费用，更是错上加错。一般来说，水电等并不是物业管理公司供应的，物业管理公司只是管理者，只是水电费用的代收代缴者，使用了水电供应部门的水电（构成行动合同），支付相关费用是理所当然的事情，拒绝交纳水电费实际上又违反了水电供应服务合同，业主更不能以没有签订物业服务合同为由来拒绝交纳。

[案例2-8] 业主必须遵守业主公约——物业公司如何解决邻里之间的纠纷？

申某住在某小区25楼10单元703房间，他的邻居住户是夏某，住在702房间。自2001年6月起，夏某把该房出租给别人，承租人每天都在703房间和702房间门前丢大量的饭盒、报纸等垃圾，并且，承租人在晚上总是将音响声音开得很大，直到深夜，吵得申某一家无法在晚上看书学习或入睡。申某多次向夏某提出意见，都没有见效。后经有人指点，认为与物业管理公司签订的委托管理合同中有维护小区生活环境正常的义务，承担管理责任，物业管理公司出面调解更加合乎情理。申某便要求物业管理公司维护其生活环境正常状况。

后来物业管理公司出面协调，承租人说："我在自己家里，有自由自在生活的权利，你们谁也管不着，你物业管理公司只管外面的事就行了。"承租人依旧我行我素，物业管理公司也帮不了忙。

申某认为物业管理公司没有尽管理职责，遂向有关行政部门投诉。房地产行政管理部门要求某物业管理公司履行职责，对承租人的行为予以制止、批评教育、责令恢复原状、赔偿损失。后经物业管理公司再次制止后，一切恢复正常。

住宅小区内，由于各业主的生活习惯、兴趣爱好、文化品位、经济基础等方面的差异，有时难免会发生一些碰撞，甚至会出现个别住户之间的争吵，一旦住户之间发生争吵，该由谁来处理？有人认为应该由物业管理公司来解决，有人认为业主委员会也该参加管理。到底应怎样看待此事呢？如何解决邻里之间的纠纷呢？

[案例分析]

物业管理法律关系涉及面广泛，物业管理中的当事人权利义务很复杂，一般需以书面形式明确规定，因为物业业主作为房地产产权人或使用人，并不意味着可以随心所欲地使用该物业。一个住宅小区，就是一个社会，每个人的自由都为他人的权利所限制，因为个人的自由权是以不侵犯他人的自由权为前提的。自由不是绝对的，而是相对的，当你的行为影响到别人，侵犯了别人已有的权利时，你的行为就应该受到限制。在本案例中，承租人的行为虽然不是违法行为，是正常的日常生活行为，但当它对别人造成一定的影响时，它就应该受到约束和限制。

从理论上来说，业主们可以通过业主大会和业主委员会来民主决定住宅小区的许多事情，因为物业管理涉及到人们的日常生活，并不总是需要警察或法庭来严肃处理，最好的办法就是以业主公约来规范业主的日常生活行为。本案例最终是由行政部门从中调解，由物业管理公司协助组织召开业主大会，制定和通过了业主公约，公约要求每个业主要按约定行事。否则就违反了相互之间的承诺，构成违约。

业主公约是由全体业主所承诺的，对全体业主都具有一定的约束力，是有关业主在物业使用、维护以及管理等方面的权利义务的具体体现。业主公约是物业管理中的一个重要基础性文件，它一般由业主委员会根据当地政府统一制定示范文本，结合物业的实际情况进行修改补充，在业主大会上讨论通过后生效。我们认为，业主应当订立业主公约，对有关物业的使用、维护、管理及公共利益等事项做出约定。业主、使用人应当遵守业主公约。这是因为：

（1）业主作为物业的所有权人，并不意味着可以随心所欲地使用该物业。一个住宅小区，就是一个小社会，每个人的自由都需要受到一定组织或法规的限制。从理论上讲，业主们可以通过业主大会和业主委员会来民主决定住宅小区内的许多事情，但现实生活中，业主很少有那么多的时间来参加会议、讨论情况，而众声嘈杂中，业主们也未必能形成合理、精细的管理小区的规范。

（2）物业管理涉及到人们日常生活的方方面面，并不总是需要由警察或法庭来严肃处理。业主公约从程序上由业主大会通过，业主遵守业主公约的同时，感觉到受自己决定的约束，更能心悦诚服。政府在接受各方面意见的基础上，制定公约范本，推荐给物业小区的业主委员会和物业管理人员，可以成为业主委员会和物业管理人员的管理物业的有效手段。而业主们有时在律师的协助下，对业主公约进行认真审议和表决，也是业主参与民主管理的一种具体形式。

附：
业主公约（示范文本）

为加强本物业的管理，维护全体业主和物业使用人的合法权益，维护公共环境和秩序，保障物业的安全与合理使用，根据国家有关物业管理的法规政策制订本公约，全体业主和物业使用人均须自觉遵守。

一、在使用、经营、转让所拥有物业时，应遵守物业管理法规政策的规定。

二、执行业主委员会或业主大会的决议、决定。

三、委托物业管理企业负责房屋、设施、设备、环境卫生、公共秩序、保安、绿化等管理，全体业主和物业使用人应遵守物业管理企业根据政府有关法规政策和业主委员会委托制定的各项规章制度。

四、全体业主和物业使用人应积极配合物业管理企业的各项管理工作。

五、业主或物业使用人对物业管理企业的管理工作如有意见或建议,可直接向物业管理企业提出,发生争议时可通过业主委员会协调解决。

六、加强安全防范意识,自觉遵守有关安全防范的规章制度,做好防火防盗工作,确保家庭人身财产安全。

七、业主或物业使用人装修房屋,应遵守有关物业装修的制度,并事先告知物业管理企业。物业管理企业对装修房屋活动进行指导和监督,并将注意事项和禁止行为告知业主和物业使用人。业主或物业使用人违规、违章装修房屋或出现妨碍他人正常使用物业的现象(如渗、漏、堵、冒等),应当及时纠正,造成他人物业损失的应承担赔偿损失,对拒不改正的,物业管理公司可采取相应措施制止其行为,并及时告知业主委员会并报由行政管理部门依法处理。

八、业主如委托物业管理企业对其自用部位和毗连部位的有关设施、设备进行维修、养护,应支付相应费用。

九、凡房屋建筑及附属设施设备已经或可能妨碍、危害毗连房屋的他人利益、安全,或有碍外观统一、市容观瞻的,按规定应由业主单独或联合维修养护的,业主应及时进行维修养护;拒不进行维修养护的,由业主委员会委托物业管理企业进行维修养护,其费用由当事业主按规定分摊。

十、与其他非业主使用人建立合法租赁关系时,应告知并要求对方遵守本业主公约和物业管理规定,并承担连带责任。

十一、在本物业范围内,不得有下列行为:

(1)擅自改变房屋结构外貌(含外墙、外门窗、阳台等部位的颜色、形状和规格)、设计用途、功能和布局等;

(2)对房屋的内外承重墙、梁、柱、板、阳台进行违章凿、拆、搭、建;

(3)占用或损坏楼梯、通道、屋面、平台、道路、停车场、自行车房(棚)等公用设施及场地;

(4)损坏、拆除或改造供电、供水、供气、供暖、通讯、有线电视、排水、排污、消防等公用设施;

(5)随意堆放杂物、丢弃垃圾、高空抛物;

(6)违反规定存放易燃、易爆、剧毒、放射性等物品和排放有毒、有害、危险物质等;

(7)践踏、占用绿化用地,损坏、涂画园林建筑小品;

(8)在公共场所、道路两侧乱设摊点;

(9)影响市容观瞻的乱搭、乱贴、乱挂、设立广告牌;

(10)随意停放车辆;

(11)聚众喧闹、噪声扰民等危害公共利益或其他不道德的行为;

(12)违反规定饲养家禽、家畜及宠物;

(13)法律、法规及政府规定禁止的其他行为。

十二、人为造成公共设施设备或其他业主设施设备损坏,由造成损坏责任人负责修复或赔偿经济损失。

十三、按规定交纳物业管理企业应收取的各项服务费用。

十四、业主使用本物业内有偿使用的文化娱乐体育设施和停车场等公用设施、场地时，应按规定交纳费用。

十五、自觉维护公共场所的整洁、美观、畅通及公用设施的完好。

十六、加强精神文明建设，弘扬社会主义道德风尚，互助友爱，和睦相处，共同创造良好的工作和生活环境。

相关判例

[判例1] 要求公布物业账目案审结，恋日家园业主打赢官司。

北京市丰台区人民法院审结该市首例业主要求公布物业账目案，判决被告华野家园物业管理有限公司（下称华野物业）向原告丰台区恋日嘉园小区物业管理委员会（下称恋日嘉园物管会）公布账目并接受业主查询。

原告恋日嘉园物管会诉称，2001年4月，华野物业经恋日嘉园小区开发商选聘开始负责恋日嘉园小区物业管理。但华野物业至今不履行公布物业管理收支账目的义务，严重侵害了小区业主的合法权益。要求法院判令华野物业向恋日嘉园小区广大业主公布自2001年以来至2004年4月份的物业管理收支账目，并接受我委员会及广大业主的查询和审计。

被告华野物业辩称，依照《北京市国土资源和房屋管理局关于加强物业管理委员会印章使用、管理的通知》（京国土房管物字[2001]1081号）的规定，使用印章提起诉讼应当由物业管理委员会会议决定，而恋日嘉园物管会主任王澍才并未征得多数委员同意，即擅自使用印章，因此，王澍才没有代表恋日嘉园物管会主体的资格；今年年初，双方曾达成共识，确定今年年底前公布账目。请求法院驳回恋日嘉园物管会的起诉。

经审理查明，2000年8月，恋日嘉园小区开发商委托华野物业对恋日嘉园小区进行前期物业管理。2002年，恋日嘉园物管会成立，该委员会由11名委员组成，王澍才系恋日嘉园物管会主任。2002年8月9日，恋日嘉园物管会经北京市丰台区居住小区管理办公室认定，成为产权人和使用人的合法组织。

另查，2000年5月25日，开发商制定并报经北京市居住小区管理办公室核准的丰台区草桥欣园3区2号甲、2号乙、4号、7号、8号楼房屋使用、管理、维修公约第7条物业管理公司的权利、义务第4款明确约定："建立物业管理收支账目，定期向产权人公布并接受管委会查询。"

此外还查明，恋日嘉园物管会6位委员认为，因王澍才未经物管会多数委员议决，且华野物业在2004年初曾承诺年底公布账目，所以不同意起诉华野物业。但王澍才认为，其已通知6位委员开会，但他们没有出席，且恋日嘉园物管会与华野物业之间也没有达成年底公布账目的协议。

法院认为，开发商制定的丰台区草桥欣园3区2号甲、2号乙、4号、7号、8号楼房屋使用、管理、维修公约已经行政主管部门核准，对华野物业和恋日嘉园物管会均具有法律约束力。该公约明确约定物业管理企业应当"建立物业管理收支账目，定期向产权人公布并接受管委会查询"，而华野物业没有公布账目，已构成违约，应承担继续履行责任。判决北京市华野家园物业管理有限公司在丰台区恋日嘉园小区公布自其管理丰台区恋日嘉园小区至 2004 年 4 月期间的物业管理收支账目,并接受北京市丰台区恋日嘉园小区物业管理委员会查询。驳回恋日嘉园小区物业管理委员会其他诉讼请求。

[判例 2] 国土房管局不予备案,业主委员会有权起诉。

中海雅园为一新建住宅小区。2001 年 6 月 15 日,中海雅园物业管理委员会(以下简称中海雅园管委会)成立,任期一年。任期届满前,中海雅园管委会未按要求召开业主大会,而是以公告方式选举了新一届管委会、修改了章程,并向海淀区国土房管局申请备案登记。与此同时,海淀区国土房管局收到了一封署名为"中海雅园小区广大业主"、内容为反对现管委会进行公告选举、要求按法规规定召开业主大会选举新一届管委会的举报信。海淀区国土房管局指派经办人员与中海雅园管委会负责人谈话,指出管委会报送的材料不符合要求,但未要求管委会予以补正,也未明示不予备案。2003 年 8 月,北京海淀区国土房管局工作人员在接受法院调查时,称中海雅园管委会于 2002 年 6 月任期届满后未备案。中海雅园管委会遂于 2003 年 9 月向海淀区人民法院提起诉讼,请求法院确认海淀区国土房管局不履行备案登记职责的行为违法。法院经审理认为,根据本案发生时实施的建设部《城市新建住宅小区管理办法》、《北京市居住小区物业管理办法》以及北京市有关规范性文件的规定,物业管理委员会的产生与改选均须经行政主管机关登记;有自己的组织章程和组织机构;有独立使用的办公场所,办公经费亦有相应保障;也具有一定的民事行为能力;因物业管理委员会不具备法人资格,在当前将其视同其他组织、认可其具有相应的诉讼主体资格较为适宜。海淀区国土房管局收到中海雅园管委会寄送的换届选举登记备案材料后,如认为其提交的备案材料不符合规定,应当要求其补正;如不予备案,亦应书面通知并说明理由。现海淀国土房管局在长达一年的时间内,对中海雅园管委会提出的换届选举登记备案申请未作出任何书面答复,未尽上述指导、监督职责。据此,法院判决确认被告海淀区国土房管局对原告中海雅园管委会提出的换届选举登记备案申请不履行备案职责的行为违法。

[判例 3] 上海一女士违约装修别墅被法院叫停。

上海一位姓郓的女士在买下别墅后违约大拆大建,被所在小区的业主委员会起诉。上海市长宁区法院近日一审判决要求她在 15 日内将别墅恢复原状。

去年 8 月,郓女士在上海威宁路上购买了一套两层别墅。别墅建筑外观为整齐的矩形,建筑物内部有一圆形中庭,上通二层顶的玻璃天窗,形成了一个自然采光的大厅。各居室及功能性房间围绕着大厅在一、二层合理分配。建筑南面二层的两个房间各有一个挑空的大阳台,能俯瞰围绕建筑的一圈自家绿地。别墅的构造原本就十分科学美观。

一个月后郓女士开始装修工程。她把底层的厨房往外搭建,在原本是绿地的部位搭出一个近 $10m^2$ 的延伸厨房。建筑南面的阳台被封成了房间的一部分,阳台下的底层房间也被扩出与阳台拉平,这样一来,又多建了 $20m^2$ 左右的住房。另外,郓女士在房后的绿地挖了个大坑,自建了一个喷水池子,并在水池后砌起一面高近 $2m$、宽约 $4m$ 的背景墙。郓女士在大拆大建时搭起脚手架破墙动土,引起别墅周围砂砾飞舞,尘土漫天。

小区的物业发现后,向她发出了整改通知书。但郓女士未予理睬。其他业主对郓女士的所作所为再也无法忍受,他们联名投诉她的违约行为,认为她的举动严重影响社区的居住质量,而且可能导致房价大跌从而造成其他业主的损失。

今年3月1日,业主委员会起诉郓女士,要求她拆除别墅的改装及加建工程,恢复原状。法院在审理中查明,郓女士在购房时曾收到一份《管理公约》,其上写明了业主"在未得管理者书面同意前,不得改动结构,不得改动建筑物的外貌"。法院认为,《管理公约》对小区全体业主具有约束力,郓女士应当自觉遵守各项规定。郓女士装修美化自家别墅的意图无可厚非,但她应当尊重小区及多数业主的意愿,接受《管理公约》的约束。此外,郓女士的装修也违反了《上海市物业管理条例》的相关规定。法院据此作出上述判决。

思 考 题

1. 业主、业主大会和业主委员会分别有哪些权利?
2. 试述成立业主委员会的程序。

第三章　物业管理公司

相关法条

1. 从事物业管理活动的企业应当具有独立的法人资格。
2. 一个物业管理区域由一个物业管理企业实施物业管理。
3. 委员会应当与业主大会选聘的物业管理企业订立书面的物业服务合同。物业服务合同应当对物业管理事项、服务质量、服务费用、双方的权利义务、专项维修资金的管理与使用、物业管理用房、合同期限、违约责任等内容进行约定。
4. 企业应当按照物业服务合同的约定，提供相应的服务。物业管理企业未能履行物业服务合同的约定，导致业主人身、财产安全受到损害的，应当依法承担相应的法律责任。
5. 物业管理企业可以根据业主的委托提供物业服务合同约定以外的服务项目，服务报酬由双方约定。物业管理区域内，供水、供电、供气、供热、通讯、有线电视等单位应当向最终用户收取有关费用。物业管理企业接受委托代收前款费用的，不得向业主收取手续费等额外费用。
6. 对物业管理区域内违反有关治安、环保、物业装饰装修和使用等方面法律、法规规定的行为，物业管理企业应当制止，并及时向有关行政管理部门报告。
7. 未取得资质证书从事物业管理的，由县级以上地方人民政府房地产行政主管部门没收违法所得，并处5万元以上20万元以下的罚款；给业主造成损失的，依法承担赔偿责任。

——国务院《物业管理条例》，2003年9月1日起施行

8. 物业管理公司的权利：
（1）物业管理公司应当根据有关法规，结合实际情况，制定小区管理办法；
（2）依照物业管理合同和管理办法对住宅小区实施管理；
（3）依照物业管理合同和有关规定收取管理费用；
（4）有权制止违反规章制度的行为；
（5）有权要求管委会协助管理；
（6）有权选聘专业公司（如清洁公司、保安公司等），承担专项管理义务；
（7）可以实行各种经营，以其收益补助小区管理经费。
9. 物业管理公司的义务：
（1）履行物业管理合同，依法经营；

(2) 接受管委会和住宅小区内居民的监督；

(3) 重大的管理措施应当提交管委会审议，并经管委会认可；

(4) 接受房地产行政主管部门、有关行政主管部门及住宅小区所在地人民政府的监督指导。

——建设部《城市新建住宅小区管理办法》，1994年4月1日起施行

案例精选

[案例3-1] 物业管理公司如何成立？

张先生任职于一房地产开发公司，公司开发了一个住宅小区后，准备自己成立一个物业管理公司进行管理，张先生受命组建新公司，他对以下问题不太明白，请预分析：如何成立物业管理公司？其条件与程序有哪些？

[案例分析]

物业管理企业的现代组织形式是物业管理公司。随着物业管理在我国的产生和发展，越来越多的物业管理公司已迅速建立起来，同时，还有一些单位准备成立物业管理公司，但它们对成立物业管理公司的条件、程序、人员安排等方面的情况不太了解，这直接影响了它们成立物业管理公司的效率。

1. 物业管理公司设立的条件与程序。

(1)《公司法》第十九条规定，设立物业管理有限责任公司，应具备下列条件：① 股东符合法定人数；② 股东出资达到法定资本最低限额；③ 股东共同制订公司章程；④ 有公司名称，建立符合有限责任公司要求的组织机构；⑤ 有固定的生产经营场所和必要的生产经营条件。

(2)《公司法》第七十三条规定，设立物业管理股份有限公司，应当具备下列条件：① 发起人符合法定人数；② 发起人认缴和社会公开募集的股本达到法定资本最低限额；③ 股份发行、筹办事项符合法律规定；④ 发起人制订公司章程，并经创立大会通过；⑤ 有公司名称，建立符合股份有限公司要求的组织机构；⑥ 有固定的生产经营场所和必要的生产经营条件。

2. 物业管理公司设立一般要经过资质审批、工商注册登记、税务登记和公章刻制等几个步骤。

(1) 根据《公司法》规定的设立条件，提前准备好有关材料和文件。

(2) 公司名称预先核准申请。为了避免与其他公司的名称重复，在工商登记前，首先先要向工商行政登记主管机关提出预先核准公司名称申请，预先核准的公司名称保留期为6个月，在此期间不得用于从事经营活动、不得转让。

(3) 向所在地房地产行政主管部门提出书面申请。在我国，不少城市都规定物业管理公司必须持有当地房地产主管部门核发的物业管理资质证书方可从事物业管理业务。以北

京为例，北京市1995年11月颁布的《物业管理单位经营资质审批规定》第五条中指出，设立物业管理单位要按下列程序办理审批手续：① 申请单位向所在区、县房地局提出申请。涉外物业管理单位的设置直接向市房地局申请。申请采用书面形式，并须填写《物业管理单位审批申请表》；② 区、县房地局接到申请后，先进行初步审查，经审查合格，在15日内报市房地局审批，市房地局应当在10日内作出是否批准的规定。经批准，核发《物业管理资质合格证书》。

（4）向所在地工商行政管理机关申请法人注册登记和开业登记，领取营业执照。按照《公司法》的规定，所有公司的设立，都必须到工商行政管理机关进行注册登记，物业管理公司自然也不能例外。在取得《物业管理资质合格证书》后，物业管理单位应持该证书到所在地工商行政管理机关申请办理注册登记手续，领取营业执照。

（5）到税务部门进行税务登记以及到公安机关（或授权单位）进行公章登记和刻制。在取得上述有关证件后，物业管理公司还要持这些证件到税务部门办理税务登记，购买营业发票，还要到公安部门办理公章登记和刻制手续。

上述程序结束后，物业管理公司就可合法地开展物业管理服务业务了。

[案例3-2] 业主入住拿钥匙，物业管理公司设障合法吗？

我去年购买了一套期房，住房建成后开发商通知我办理入住手续。在办理入住手续时，物业管理公司提出两个要求：① 签订业主公约；② 签订3年的管理协议。我发现业主公约中有些条款与开发商的承诺不一样，同时我认为签订3年的管理协议也是不合理的，所以我就拒绝了他们的要求，结果该物业管理公司却以此为由不给我房屋钥匙。不知物业管理公司的这种做法是否合法，作为业主我该怎么办？

[案例分析]

物业管理公司在办理入住手续的时候，由于业主不签业主公约和管理合同而拒绝交付房屋钥匙，这种做法明显欠妥，也是不合法的。

（1）业主在购买房屋时，已与开发商签订了房屋买卖合同，作为开发商，按照合同约定收取业主的购房款，然后向业主交付房屋，这与物业管理公司是没有关系的。由于业主已经按照房屋买卖合同的约定，向开发商支付了全部或应该支付的购房款，开发商就应该履行其向业主交付房屋的义务，而不能把物业管理法律关系中的内容再强加到房屋买卖关系中来。所以，无论是开发商也好，物业管理公司也好，都不能因为业主没有签订物业管理公约、对物业管理费有意见而拒绝给业主办理入住手续、不给业主钥匙等，这种行为构成开发商对业主的违约，也是对业主权益的侵害。

（2）逼迫业主签订3年的物业管理协议是没有道理的，既不符合国家有关的法律规定，也是与目前物业管理市场的现实格格不入的。目前，我国关于物业管理协议或合同的法律规定以及物业管理实践情况是，房屋出售前首先由开发商与物业管理公司签订委托管理合同，业主入住时，由物业管理公司与业主签订前期物业管理服务协议（应该就是本案例中提到的协议），这两个合同或协议都是临时性的，一旦小区业主入住率达到一定比例，成立了业主委员会并重新选聘新的物业管理公司（也可以是续聘原物业管理公司）后，这些协议自动中止。物业管理公司要求业主把临时性的物业管理服务协议改为3年的物业管理合同，这是荒唐的，也是违反法律规定的，业主当然有权拒绝。

（3）作为业主，如果物业管理公司因为您没有签订业主公约和物业管理协议而拒绝交付钥匙，您不必与物业管理公司多费口舌，可以直接找开发商交涉，如果不成，可以到法院起诉开发商违约，并要求其承担违约的损失赔偿。

[案例3-3] 物业管理公司有权扣留访客的居民身份证吗？

某电脑公司两工作人员投诉，不久前他们应邀到该大厦为某广告公司维修电脑，结果在一楼被保安挡了驾。保安要求两人将身份证留下，两人不从，引发激烈争执。广告公司的人闻讯后下来打圆场，主动提出押自己的身份证，保安仍不同意，并指着墙上的"凡来访客人一律将有效身份证件暂存于保安处……"的标志，说这是执行公司的规定。最后两技术人员迫于无奈，只好把身份证给了保安，换成了出入卡。电脑公司工作人员对此非常疑惑，物业管理公司有权扣留访客的居民身份证吗？

[案例分析]

物业管理公司无权扣留访客的居民身份证。

首先，保安部门不是公安机关（关于保安的性质，将在本书"物业管理服务"一章里进行详细分析），没有强制查看或扣留公民身份证的权力。保安人员在工作中如果发现有可疑人员，可向对方提出确定身份的要求，但不一定要出示身份证。如果保安人员提出了出示身份证的要求，访客可以予以拒绝。保安人员应该通过对讲机或电话等方式与住户取得联系，以此确定来访者的身份。比如，目前一些智能化程度比较高的楼宇已经采用了智能卡出入和来访可视对讲技术，这样既可以避免登记的烦琐和冲突，也可实现更有效的保护。

其次，群众治安联防组织在维护社会治安时，遇到形迹可疑的人员需要查明其身份时，应由在场参加值勤的公安干警查验当事人的居民身份证，治安联防队员无权查验。

最后，即使是公安机关，查验公民身份证也须具备一定的条件。1985年9月颁布的《中华人民共和国居民身份证条例》以及1986年11月公布的《中华人民共和国居民身份证条例实施细则》对查验、扣留、抵押居民身份证有明确规定：

（1）公安机关只有在执行任务时才可以查验公民的身份证，并且要在查验前出示自己的证件。

（2）公安机关除对于依照《中华人民共和国刑事诉讼法》被执行强制措施的人以外，不得扣留公民的居民身份证。

（3）条例还规定，公民在办理涉及政治、经济、社会生活等权益的事务时，可以出示居民身份证，证明其身份。有关单位不得扣留或者要求作为抵押。

（4）公安机关工作人员在查验、扣留、抵押居民身份证时，徇私舞弊、侵害公民合法权利和利益的，应当给予行政纪律处分，情节严重构成犯罪的，应当依法追究刑事责任。

由此可见，保安扣留居民身份证的做法是非常错误的，是违法的，如果在查验、扣留居民身份证的过程中，侵害公民合法权利和利益，还有可能构成犯罪。

由于目前不少保安都来自农村，文化水平和法律观念相对较低，因此，在遇到保安扣留居民身份证时，要及时想办法向其上级领导反映、解释，如有必要，也可以诉诸法律，以寻求因保安扣留身份证给自己带来的经济损失的赔偿。

[案例3-4] 物业管理公司有没有强制权利？

某物业管理公司反映，在他们管理的小区里出现了几件挠头的事情：一件是张先生带着好几条狗在花园里玩，把李先生吓得连晨练都无法继续，李要求物业管理坚决把狗从花园里轰走，张却不听劝告；其二是王先生要装修，准备把一面墙拆掉。而刘先生认为这墙是承重墙不能拆，并要求物业管理公司制止，结果王先生也不听劝告等。物业管理公司询问，这类某些业主不遵守物业管理公约，破坏社区环境、秩序，损害公共或其他业主的利益，但又不至于严重到妨害社会治安的情形，物业管理者进行管理干涉时，行为人不仅根本不听规劝，甚至采取一些不当行为拒绝管理，物业管理公司能否对其采取强制性措施，迫其停止该不当行为？也就是说物业管理公司有无强制权利？

[案例分析]

如果从物业管理公司的性质与地位的角度看，物业管理公司本身是不具有强制权的。物业管理公司是进行物业管理的企业，它与业主之间是平等的民事合同主体的关系。但《城市新建住宅小区管理办法》明确禁止房地产产权人、使用人实施以下行为，并规定物业管理公司对发生的违禁行为有权制止、批评教育、责令恢复原状、赔偿损失：擅自改变小区内土地用途的；擅自改变房屋、配套设施的用途、结构、外观，毁损设施、设备，危及房屋安全的；私搭乱建，乱停乱放车辆，在房屋共用部位乱堆乱放，随意占用、破坏绿化、污染环境、影响小区景观，噪声扰民的；不照章缴纳各种费用的。

从上述分析看，物业管理公司应该具有一定强制权。如果物业管理公司没有强制权，很多问题可能根本就无法解决，或者物业管理公司只好借故不去解决，其结果是社区大多数业主的合法权益无法得到维护与保障，大多数业主支付物业管理费所希望得到的服务质量也就无从谈起，这实际上也是对大多数业主正当权益的损害。同时，这个强制权还应由业主委员会在遵守国家有关法律法规的条件下，根据业主大会的意见与授权和本社区的实际情况，通过物业管理合同、契约等赋予给物业管理公司的。物业管理公司的一切权利都来自全体业主，它只有通过物业管理委托合同或契约，得到全体业主（业主委员会）的委托与授权，才享有各项管理物业的权利，适度的强制权同样需要全体业主的委托与授权。这种委托与授权应该在物业管理委托合同或契约中得到说明与体现，这种强制权利也应该让全体业主明确了解。这样，物业管理者的强制行为才不致构成对少数业主的侵权行为。当然，业主可以授予物业管理公司这种适度的强制权利，也可以不授予或者收回这种权利。

[案例3-5] 物业管理公司能否擅自停业主的水电？

中国消费者网报道：2002年4月30日晚，深圳市某花园管理处以叶先生家装修时加宽了进户门为由，先停了叶先生家的电。5月7日，又把叶先生家的水表拆了，停了他家的水。受不了"焦渴"、"黑暗"痛苦的叶先生，只好把该管理处告到了法院。那么，该管理处能否以住户装修违反规定或不交管理费为由，对住户停水、停电呢？

[案例分析]

我们认为，一般情况下，物业管理公司是没有权利以各种理由对住户停水、停电的。

首先，水、电的产权不归物业管理公司所有，物业管理公司只享有管理权，水电只有水电的主管部门有权停供，物业管理公司无权停水、停电，而且，业主或业主委员会可以追究物业管理公司停水电造成的损失，同样，物业管理公司也可以追究业主在收费合理的情况下不交管理费或违反有关契约或合同的违约责任。

事实上，法院也是这样判决的。法院认为，住宅区内的水电供应及维护应由有关供水、供电部门负责，物业管理公司无权擅自切断住户的水电供应。管理处因与住户发生纠纷而切断住户的水电供应，是侵权行为，应立即恢复对叶先生家的水电供应。

理论上说，在特殊的情况下，如物业管理公司已和供水、供电部门达成协议，签订了合同，供水、供电部门授权物业管理公司在必要的情况下停水、停电，则物业管理公司就可以在合同允许的范围内，行使这项权利。

但不管怎么样，我们认为，物业管理公司停水电的做法都是不可行的，或是不足取的，容易使物业管理公司陷入被动。业主违反规定，或者欠交管理费的时候，物业管理公司应着重劝解与教育，不得已的情况下，可向人民法院提起诉讼，树立一个反面榜样，让其他业主引以为戒，不要效仿。这样做，可以为物业管理公司树立比较良好的形象。

[案例3-6] 物业管理公司该听业主的，还是该听租户的？

北京某物业管理公司受某开发商委托为其管理一幢高级写字楼。某日，业主与一租户发生冲突，后来越闹越凶。租户停付租金及物业管理费用达一个月，业主一气之下，给物业管理公司正式传真，以委托人名义命令该公司切断对该租户办公室水、电、气、暖的供应，并要求物管公司打开该租户门锁，将里面所有物品搬出，并称一切后果由业主承担。租户得知消息后，并不示弱，也以书面传真形式告知物业管理公司，以物业使用人名义要求物业管理公司严格履行物业管理职能，加强保安服务，严防任何闲杂人员进入办公室，一旦出现有人强行非法进入租户办公室的情况，一定向政法机关控告物业管理公司。该案例中：

（1）物业管理公司能否接受开发商的指示，去切断该租户的水、电、气、暖的供应？

（2）物业管理公司能否接受开发商的指示，打开该租户门锁，将里面所有物品搬出？

（3）租户对物业管理公司的要求有道理吗？物业管理公司有执行的义务吗？

[案例分析]

本案例对写字楼和商场等营业性的物业管理中具有一定的代表性，目前，全国各地不少地方都存在类似的情况。这类情况的出现，反映了相当部分开发商、物业管理公司以及租户对自己的法律地位、各自的权利和义务、对什么是物业管理以及它的内容如何等不甚清楚。

（1）物业管理公司能否接受开发商的指示，去切断该租户的水、电、气、暖的供应？

按照现有的相关法规，物业管理公司是独立的企业法人，以提供物业管理经营服务为业务范围，与聘用方之间是平等的民事主体关系，所以，物业管理公司不应成为聘用方的附属与工具，不可一味地听命于聘用方而去做其服务范围以外的事。

本案例中，无论业主与租户之间纠纷如何生成与演化，均与物业管理公司没有关系。只要租户交够一天的物业管理费用，就理应得到一天的物业管理服务，反之亦然。即使物业管理公司就此做出什么决定，也不应是应业主（开发商）的要求而作为的，而是依据有关法规和物业管理公约等，由物业管理公司自己决策做出的。当然，在这种情况下，物业管理公司应该积极活动，努力协调双方之间的关系，解决双方间的纠纷与问题，这不仅对业主和承租人有利，对自己进行物业管理的活动也是非常有益的。

（2）物业管理公司能否接受开发商的指示，打开该租户门锁，将里面所有物品搬出？

物业管理公司决不能应业主（开发商）的要求，擅自把租户的门锁强行打开进入。强行入室，清除物品，这是业主（开发商）提前中止房屋租赁合同的表现，只能由业主来行使，在业主与租户之间矛盾没有协商解决或取得法律裁决依据前，该物业管理公司不能参与或协助业主的强行入室行为，否则，如果引起民事诉讼及刑事诉讼，无论业主如何声称对此事负责，相关后果及责任必由该物业管理公司部分或全部承担。

（3）租户对物业管理公司的要求有道理吗？物业管理公司有执行的义务吗？

租户不交物业管理费用，就无法得到相关物业管理服务，包括保安。所以，开发商某些行为的后果，只能由租户自己应付与承担。物业管理公司没有协助的义务。

[案例 3-7] 小区场地不可随意占用——业主擅自占用小区公用空地怎么处理？

2002 年 5 月，江先生新买了一辆汽车，由于小区车位较少，江先生无处停放自己的汽车。经了解得知楼下有一片空地，物业没有搞绿化或其他设施计划，不如平整一下做个车棚。未经批准，江先生请来师傅施工时，物业公司发现此事，并制止继续施工，告诉江先生小区内场地个人不可随意占用。江先生以为小区内场地属业主大家所有，他们有权使用，为此江先生与物业公司发生了纠纷。

[案例分析]

《城市新建住宅小区管理办法》第 14 条规定，房地产产权人和使用人私搭乱建、乱停乱放车辆，在房屋共用部位乱堆乱放，随意占用、破坏绿化、污染环境、影响住宅小区景观，噪声扰民的，由物业管理公司予以制止、批评教育、责令恢复原状、赔偿损失。可见，任何单位和个人不得占用物业管理区域内的道路、场地。因物业维修或者公共利益需要临时占用、挖掘道路、场地的，应当与业主委员会签订协议，并在约定的期限内恢复原状。除执行任务的治安、消防、抢险、救护、环卫等特种车辆外，机动车辆在物业管理区域内行驶、停放及其收费的规定，由业主委员会决定。进入物业管理区域内的车辆均需慢速行驶，不得驶入人行通道和绿化区域，因行驶不当造成道路、绿地、地下管道、化粪池等公共设施损坏的，车辆驾驶人员和其单位应负赔偿责任。车辆停放的收费标准按所在地的区、县物价部门的规定执行。车辆停放的收益扣除必要的管理成本后，应当纳入物业维修基金，用于公共设施的维修、更新。

本案中江先生的做法是不正确的，江先生的行为侵犯了其他业主和使用人的利益，受侵害的业主或使用人、物业管理企业除了可向房屋行政管理部门要求进行行政处罚以外，也可直接以侵权或违反公约的民事行为，向房屋所在地的人民法院提起民事诉讼。

[案例 3-8] 三儿童在建筑物顶抛物致人伤害诉物业管理公司赔偿案。

明明、超超和强强三个小朋友一起在所居住的楼道内玩。他们先是在三楼的楼道内玩,后来到四楼的楼道顶端,发现楼顶层的门没有锁,于是三人就打开门,到楼顶上玩。在玩游戏的过程中三人发生争执。其中明明和超超即用身边的水泥片打强强,强强即往后退到楼顶围墙一侧,但两人继续攻打,结果一块水泥碎片飞过围墙下落,正好打在一楼做游戏的儿童田田的头部,致其当场昏迷,物业管理公司保安员发现后,立即报告管理处,将其送往医院,经抢救脱险。田田住院30天,共用医疗费、住院费等18000元。

事后田田的家长向小区物业管理公司及明明、超超的家长提出赔偿的请求。认为,小区物业管理公司未尽管理职责,对楼顶的门未加锁,以致儿童可以到楼顶打架造成伤害的发生。明明和超超向强强投水泥块,是造成田田伤害的直接原因。明明和超超的父母作为监护人应当承担赔偿的民事责任。经协商无效后,向人民法院提起诉讼,要求三被告承担赔偿责任。

被告物业管理答辩称:田田的伤害与物业管理公司是否锁楼顶的门无因果关系,且事发后,物业管理公司及时将其送往医院治疗,已尽管理职责。故不同意原告的诉讼请求。

人民法院审理后认为:被告小区物业管理公司违反房屋管理规定,对楼顶的门未加注意,以致儿童可以自由出入,造成高空抛物致人伤害的后果。小区物业管理公司作为大楼的管理人未尽管理职责,应承担民事赔偿责任。

[案例分析]

从本案事实来看,造成田田伤害的直接原因是明明和超超在建筑物顶抛物,从间接原因来看,是物业管理公司疏于管理。以致于明明、超超和强强三个小朋友有机会进入楼顶玩,物业管理公司的不作为及田田的父母未尽监护职责都为本次损害事实的发生提供了客观的条件,因此本案的发生属多因一果类型。

我国《民法通则》第一百二十六条规定:"建筑物或者其他设施以及建筑物上的搁置物、悬挂物发生倒塌、脱落、坠落造成他人伤害的,它的所有人或者管理人应当承担民事责任,但能够证明自己没有过错的除外。"这是适用过错推定原则,关于建筑物所有人和管理人承担民事责任的规定。物业管理公司作为案涉建筑物的管理人,对建筑物及其设施负有管理上的责任,按照此类特殊侵权举证责任倒置的原则,物业管理公司因不能举证证明尽到了管理之责,那么,物业管理公司就不能免责,应承担相应的民事责任。

[案例 3-9] 周太在小区晨练时受伤,诉物业管理公司赔偿案。

一天,原告周太与往常一样来到所居住小区内的广场上与其他老年人打太极,该小区广场有几棵粗大的老杨树。时至寒冬,老杨树上的枯枝清晰可见。突然一阵旋风刮过,老杨树上的枯枝纷纷下落,周太及其他老年同伴赶紧躲闪,但已来不及了。一根较粗的枯树枝砸在周太后头颈上,致其当场倒地。同伴即叫来物业管理公司的保安员将其送往医院救治。诊断结论为颈脊髓震荡,颈椎过伸性损伤。原告共花去医疗费人民币8000元,护理费人民币1200元。原告认为物业管理公司应承担赔偿责任,遂诉至法院,要求被告物业管理公司赔偿医疗费、护理费、营养费、精神损失费等计人民币2万元。被告物业管理公司辩称：原告在小区内晨练，自己不慎被树枝砸伤，后果应由原告自负，不同意原告的诉讼请求。

法院经审理认为，被告物业管理公司作为小区的物业管理单位，对小区内建筑物及其他设施设备、小区土地上的定着物树木等负有管理、修缮的责任，现小区内树木砸伤原告，被告应负赔偿责任。原、被告对医疗费用无异议，应予认可。原告称在住院期间请了个护理员，因未能提供证据，法院不予认定。根据原告的伤势，可适当考虑赔偿营养费。原告主张要求被告赔偿精神损失费人民币2000元，于法无据，法院不予支持。依照《中华人民共和国民法通则》第九十八条、第一百零六条、第一百一十九条的规定，法院判决：被告一次性赔偿原告人民币1500元。

[案例分析]

本案涉及住宅小区内的树木致人损伤，物业管理公司应否承担赔偿责任的问题。这个问题的关键是物业管理公司对小区内的树木是否具有管理的义务。笔者认为答案是肯定的。因为：① 物业管理公司对小区实行物业管理的一项重要职能就是对小区的"物业"进行管理。这里所称的"物业"即指不动产，包括建筑物及其配套设施设备、场地以及所管理范围内土地上的定着物。小区内的树木应视为不动产的组成部分，是属于"物业"的范围，因此物业管理公司对本案所涉的老杨树有管理义务。② 居住小区管理的另一项内容是绿化。花草树木显然属于绿化的范围，所以从小区绿化的角度，物业管理公司对案涉树木也有管理的义务。③ 从小区公共安全的角度，物业管理公司有维护的义务。

本案老杨树在冬季树枝干枯，且清晰可见，物业管理公司应当预见到干枯的树枝在风力作用下有可能下落致人损伤。应当定期对树木进行安全检查，并对可能造成危险的树枝及时进行处理，但被告疏于此项注意义务，致使伤害的发生。从主观过错角度来讲，过错分为故意和过失两种形式。过失是指行为人对自己行为的后果应当预见而没有预见，或者已经预见却轻信能够避免，以致造成损伤。本案的被告实质上就处于这样一种心理状态，即对于一些即将断裂掉落的树枝，没有及时进行修理，或者轻信枯树枝掉落不至于给他人带来损伤，由于其有这种主观过错，所以法院最后判定物业管理公司应承担赔偿责任。

相关判例

[判例1] 八龄童命丧玻璃鱼缸，物业公司等被判赔偿9万余元。

一只被随地丢弃的玻璃鱼缸，断送了一名8岁男童的生命，这是发生在上海市宝山路某物业小区的一幕悲剧。男童的父母卢氏夫妇将小区某室业主卓先生，及负责该小区物业管理的上海宝通物业公司等告上法庭，要求赔偿经济损失。市二中院对此案作出终审判决，判令宝通物业公司等赔偿卢氏夫妇9万余元。

2001年7月2日下午2时许，卢氏夫妇之子小卢与比他大三岁的小吴在小区内玩球。两人抢球时，小卢不慎跌倒在该弄26号门口建筑垃圾堆上，恰好垃圾堆上扔有一个废弃的玻璃鱼缸，鱼缸的锐口割断了小卢的股动静脉。小卢当即被送往医院，经抢救无效与次日晚上死亡。这堆建筑垃圾是居住在该小区内的卓先生在装修房屋时临时堆放的，居委会曾多次要求卓将垃圾及时清运出去，事发3天前，卓委托环卫保洁公司清运了部分垃圾，剩下的部分垃圾因卓称非其堆放而未清运。原审法院判决管理该小区物业的宝通物业公司及卓、吴二人分别赔偿卢氏夫妇经济损失55925.6元、27962.8元和9320.85元人民币。卓先生不服一审判决，向市二中院提起上诉。

法院认为：卓先生称清运后遗留的垃圾系他人堆放，但无证据证实，因此认定为卓所有。致小卢死亡的玻璃鱼缸虽不能确定其所有人，但建筑垃圾的堆放为玻璃鱼缸的放置创造了条件，因此卓先生在本案中有不可推卸的责任。市二中院据此驳回卓先生的上诉请求，维持原判。

[判例2] 天降暴雨屋渗水，房产物业均赔钱。

一场特大暴雨，使浙江省慈溪市浒山某小区的几户民宅出现了严重渗水现象，并造成了较大的经济损失，其中两名业主以房屋质量有缺陷、物业公司疏于管理致损害发生为由，将房产公司和物业公司告上法庭。之后，浙江省慈溪法院判决房产公司及物业公司对两业主的损失负赔偿责任。

据了解，两业主慈溪人郑某、张某于2000年先后购买了浙江省慈溪某房产公司开发的某小区五楼居室各一套，随后装修入住。1998年8月，房产公司与慈溪某物业公司签订了该小区前期物业管理委托合同，约定由该物业公司对该小区实施物业管理，委托管理期限为合同签定之日起至小区移交业主委员会止。

1999年初，房产公司将已通过综合验收的小区移交给小区所在的某社区居民委员会。因该小区尚未成立业主管理委员会，物业公司虽未与小区业主签订物业管理合同，但仍继续进行物业管理。房产公司支付物业公司物业管理费至同年8月25日止。1999年8月16日下午，天降暴雨，该小区数名业主的房屋均出现了渗漏现象，导致地板、平顶、墙体等不同程度受损。后经有关部门鉴定，认为房屋渗水主要是因屋檐水落管口被垃圾堵塞排水不畅所致，其次屋面平瓦少量破损，檐沟柔性防水层局部起鼓等缺陷，也是引起屋面少量渗漏水的原因。两业主因此分别造成损失5.6万余元和4.4万余元。

法院经审理认为，因房屋建筑共用部分的维护、养护和管理，疏通下水道是物业公司应尽责任，排水设施未达到设计要求是房产公司的责任。据此，法院依责任大小，判决由物业和房产公司分摊业主损失。据悉，物业公司不服，已提起上诉。

[判例3] 楼梯井致人跌落死亡谁负责？

潮汕房产公司系广东省汕头市金泽花园的开发商和物业管理单位。该公司先后于1999年10月、12月分别将金泽花园A幢206房、111房售与郑甲和郑乙，并先后于2000年5月、6月交付使用，该幢楼楼梯装置自动感应路灯。房屋交付使用后郑甲经潮汕房产公司金泽花园物业管理处和郑乙同意，在其206房内入门处的楼板开挖一个直径约3m的大洞，拟修往111房的楼梯。金泽花园A幢206房一直无人入住。

2001年1月20日夜，原告蔡丙之女蔡丁到汕头市金泽花园A栋7楼访友。21日凌晨，蔡丁下楼途中从二楼圆洞中跌倒至一楼地板（约6m高），当即头破血流，晕迷在地。经报110指挥中心，指派汕头大学医学院第一附属医院进行抢救。22日，蔡丁因急性弥散性脑肿胀并晚期脑疝形成及左中颅底骨折，右颞顶骨骨折，顶枕部头皮裂伤，创伤性休克导致死亡。2001年1月21日上午，公安机关对金泽花园A幢206房作了现场勘验笔录："木门上有用粉笔书写的'此处危险，儿童勿近'字样。"

原告认为：被告潮汕房产公司作为金泽花园的开发商和物业管理单位，依法负有妥善管理建筑物的法定义务；被告郑甲作为206房的产权人，在楼板开挖圆洞的过程中未采取足够的防护措施，未尽妥善管理的义务，主观有过错。两被告的共同过错造成同一损害后果，应承担连带责任。请求法院依照民法通则第一百零六条、第一百二十六条、第一百三十条判令两被告赔偿430435元。

在审理过程中，有一种观点认为：本案损害结果系原告之女蔡丁经过金泽花园A幢二楼时，从该楼206房房内开挖的楼梯井跌到楼下所致，本案当事人的权利义务适用民法通则关于一般侵权损害赔偿责任的规定予以调整。206房系郑甲所有，郑甲有权根据其需要在其所有的房产内进行装修，至于他在楼板上开挖楼梯井是否按规定履行审批手续，与本案的损害结果不存在法律上的因果关系，与本案无关。206房作为郑甲的私人住宅，没有对社会公众开放，故没有义务对社会公众承担任何义务。宪法第三十九条规定："中华人民共和国公民的住宅不受侵犯。禁止非法搜查或非法侵入公民的住宅。"根据该规定，未经郑甲允许，任何人不得进入其住宅，蔡丁未经允许进入郑甲住宅，所引发的后果应由其本人承担。原告主张郑甲房门没有上锁，未尽管理义务，但未能提供相应的证据予以证明，而被告郑甲却主张其房门一直是锁着的，所以原告关于郑甲违法开挖楼梯井，疏于管理，存在主观过错，应承担本案损害结果的赔偿责任的主张，依据不足，不予采纳。综上所述，法院应判决驳回原告的诉讼请求。

思 考 题

1. 物业管理公司如何正确行使物业管理权？
2. 如何理解物业管理公司在物业管理过程中的强制权？

第四章　物业管理委托与选聘

相关法条

1. 住宅物业的建设单位未通过招投标的方式选聘物业管理企业或者未经批准，擅自采用协议方式选聘物业管理企业的，由县级以上地方人民政府房地产行政主管部门责令限期改正，给予警告，可以并处 10 万元以下的罚款。

2. 物业管理企业承接物业时，应当与业主委员会办理物业验收手续。业主委员会应当向物业管理企业移交本条例第二十九条第一款规定的资料。不移交有关资料的，由县级以上地方人民政府房地产行政主管部门责令限期改正；逾期仍不移交有关资料的，对建设单位、物业管理企业予以通报，处 1 万元以上 10 万元以下的罚款。

3. 物业服务合同终止时，物业管理企业应当将物业管理用房和本条例第二十九条第一款规定的资料交还给业主委员会。物业服务合同终止时，业主大会选聘了新的物业管理企业的，物业管理企业之间应当做好交接工作。

4. 物业管理企业可以将物业管理区域内的专项服务业务委托给专业性服务企业，但不得将该区域内的全部物业管理一并委托给他人。

——国务院《物业管理条例》，2003 年 9 月 1 日起施行

5. 国家提倡其他物业的建设单位通过招投标的方式，选聘具有相应资质的物业管理企业。

6. 住宅及同一物业管理区域内非住宅的建设单位，应当通过招投标的方式选聘具有相应资质的物业管理企业；投标人少于 3 个或者住宅规模较小的，经物业所在地的区、县人民政府房地产行政主管部门批准，可以采用协议方式选聘具有相应资质的物业管理企业。

7. 任何单位和个人不得违反法律、行政法规规定，限制或者排斥具备投标资格的物业管理企业参加投标，不得以任何方式非法干涉物业管理招标投标活动。

8. 住宅规模较小的，经物业所在地的区、县人民政府房地产行政主管部门批准，可以采用协议方式选聘物业管理企业的，其规模标准由省自治区、直辖市人民政府房地产行政主管部门确定。

——建设部《前期物业管理招标投标管理暂行办法》，2003 年 9 月 1 日起施行

案例精选

[案例 4-1] 如何选聘物业管理公司？

某小区建成后，先后有部分业主入住。这部分业主入住后，总觉得一切都是物业管理公司说了算，比如房屋装修不能这样、不能那样及收取各种名目的费用等。而物业管理公司又是由开发商聘用的。于是一些居民就开始行动，把其他居民组织起来，成立了业主委员会，声称要监督开发商和物业管理公司，并订下管理规定与计划，如果物业管理公司不能满足大家的意愿，则将炒掉该物业管理公司，另聘新的物业管理公司。试分析：

（1）该小区的物业管理公司由开发商聘用，是否合理、合法？
（2）案例中业主自行组建业主委员会有无法律依据？或能否得到法律的保护？
（3）如果成立业主委员会，开发商能否作为其成员或负责人？
（4）如果物业管理公司真不能满足大家的意愿，则业主委员会能否炒掉它？

[案例分析]

（1）该小区的物业管理公司由开发商聘用是否合理合法？

虽然新建住宅小区的首个物业管理公司由开发商聘用确实会让业主或使用人感到不公、不满，但我们还是说，这不但是合理的，而且还是合法的。第一，开发商是业主的代表。一般来说，在选择物业管理公司之前，房地产开发商可能还没有开始出售自己开发的物业，即使已经开始，大部分物业应该还没有售出，也就是说，开发商是绝对的大业主，其他通过购买房屋已经获得产权的只是一些小业主，开发商作为业主中的代表，有权或有权代表其他业主选聘物业管理企业，作为新开发物业的第一任管理者。另一方面，由于购买房屋的众多小业主来自四面八方，绝大多数互不认识，对自己即将生活其中的居住小区也不熟悉，这种情况下，谁也代表不了谁，而且众口难调，根本不可能去聘用什么物业管理公司。而作为业主之一的开发商，由于对自己开发的物业比较熟悉，而且对聘用物业管理公司的程序比较了解，作为一个组织严密的集体，开发商聘用物业管理公司比其他小业主具有更多的优势。

说新建住宅小区的首个物业管理公司由开发商聘用是合法的，是因为在新的《物业管理条例》中有明确规定，而且早在 1994 年建设部制订并颁布实行的《城市新建住宅小区管理办法》（建设部第 33 号令）第五条已经规定，"房地产开发公司在出售住宅小区前，应当选聘物业管理公司承担住宅小区的管理，并与其签订物业管理合同。住宅小区在物业管理公司负责管理前，由房地产开发企业负责管理"。也就是说，新开发的物业在业主委员会成立之前，通常由开发商行使管理权和处置权，可以自设或委托一家物业管理公司介入前期的物业管理工作，并签订前期物业管理服务协议。直到召开第一次业主大会，成立业主委员会后，业主方可通过业主委员会行使自己的各种权利，包括决定是续聘还是辞聘物业管理企业。

（2）该案例中业主自行组建业主委员会有没有法律依据？

本案例中业主自行组建业主委员会没有法律依据，将得不到国家有关法律的保护，其涉及的法律行为是无效的行为。

首先，业主委员会的成立必须达到一定的入住率，由业主大会选举并经半数以上的业主同意才可产生。本案例一些业主联络另外一些业主自行组建业主委员会，没有经过业主大会的选举，没有代表性，其他业主不一定认可。

其次，业主管理委员会的成立必须由政府房地产管理部门和房屋出售单位来组织，并在政府房地产管理部门有关人员负责指导下进行。本案例业主自行组建业主委员会没有权威性，很难得到大多数业主的认可，也将很难开展工作。

再次，业主委员会的成立必须经过政府房地产部门的备案，政府部门核准登记后才算正式成立。没有经过备案的业主管理委员会，即使是业主大会选举产生的，也是非正式的，得不到国家有关法律法规的保护。其作出的决定，因得不到法律法规的保护而同样是无效的。

（3）开发商能否作为业主委员会的成员或负责人？

第一种情况，开发商已经把自己开发的物业全部售出，这种情况，开发商已经完成了其角色的转变，即由大业主到小业主，再到非业主的转变，作为非业主的第三方，开发商自然不能成为业主委员会的成员，更不用说作为其负责人。

第二种情况，开发商目前还没有把自己开发的物业全部售出，但已售出50%以上，剩余的部分开发商不再出售，而留为自己的产权，将来进入房屋租赁市场。这时开发商就是产权人代表，根据相应规定，开发商可以进入业主委员会，并有可能作为其负责人。

第三种情况，开发商目前还没有把自己开发的物业全部售出，但将会在较短的时间内将剩余的物业出售完毕。这时，房地产开发商虽然还有一定数量的房屋未售出去，但在业主委员会讨论有关事项时，有许多事情还离不开开发商，同时又考虑随着房产售完，开发商就要离去，如果把开发商选入业主委员会之中，也许刚入选不久，开发商就要离开，出现真空阶段，为了避免出现问题，开发商一般不参加业主委员会。目前未售出去的建筑面积比例，可允许预留业主委员会代表数，等到业主全部入住，再进行增补。当然，由于情况的特殊性，有些地方把开发商作为业主委员会顾问，出席业主大会，讨论有关与业主紧密相连的重要事情，这样既调动了开发商的积极性，又不影响业主委员会的工作，这种做法值得借鉴和学习。

（4）如果物业管理公司真不能满足大家的意愿，业主委员会能否炒掉它？

业主委员会要想炒掉物业管理公司，必须经业主大会授权。而炒掉物业管理公司一般需要具备三个条件。

1）必须有三分之二以上投票权的业主同意。

2）物业管理公司严重违反合同。物业管理公司与开发商签订的合同中的一些重要条款，物业管理公司没有遵守，或者合同中作出的重要承诺，物业管理公司没有兑现，这种情况下，业主委员会可以依据合同炒掉物业管理公司。

3）通过一定的法律程序。炒掉物业管理公司还必须通过一定的法律程序。一般的程序是，业主委员会提前通知物业管理公司，如果物业管理公司同意解除合同，则可以顺利炒掉；如果物业管理公司不同意解除合同，则业主委员会可以到法院，通过诉讼的方式解决。

本案例中，业主委员会不是依法成立的，同时，案例中所提到的物业管理公司不能满足大家的意愿，并不能作为物业管理公司违反合同的证据，因为大家的意愿并不是大多数业主的意愿，更不一定是合同中所规定的必须要兑现的承诺或条款，因此，该业主委员会无权炒掉物业管理公司。

[案例 4-2] 业主委员会能否作为诉讼主体解聘物业管理公司？

某小区业主分别与某房地产开发公司签订内销商品房买卖合同，同时签订房屋使用、维修、管理公约。该公约载明，由该房地产开发公司指定某物业管理公司进行物业管理。各业主在签约后，分别办理了入住手续。但众业主入住后，发现该物业管理公司管理的小区环境脏、乱、差，高层楼房两台电梯中的一台时常因故障而停运，小区保安甚至串通外来人员乱敲竹杠等。该小区业主因此拒缴了一些物业管理费，同时，业主管理委员会遂诉至法院，请求判令解除与开发商签订的房屋使用、维修、管理公约，并要求物业管理公司退出小区管理。在法院，开发商辩称，公约是双方真实意思的表示，不应解除；而物业管理公司则辩称，其系在工商登记核准的经营范围内对小区进行管理，虽在管理中存在不尽如人意之处，但通过公司内部整顿，现在小区的管理已有明显改善，而且业主尚欠物业管理公司的物业管理费用，因此不同意退出小区管理。请问：
（1）业主委员会能否要求解除与开发商签订的房屋使用、维修、管理公约？
（2）业主委员会能否要求物业管理公司退出小区管理？
（3）物业管理公司能否以业主欠费为由拒绝退出小区管理？

[案例分析]

（1）业主委员会能否要求解除与开发商签订的房屋使用、维修、管理公约？

业主在购买物业时，必须在与开发商签订房屋买卖合同的同时，对遵守"房屋使用、管理、维修公约"（即临时业主公约）作出书面承诺，这是《物业管理条例》明确规定的。

公约是一种将业主（或使用者）以及管理者双方对于特定物业（业主所购房产、公用地方及其配套设施等）的权利和义务以文字的形式加以确定，并对全体业主（或使用者）以及管理者均有约束力的文件。订立公约的目的，是要明确有关物业管理各项规则，使业主以及管理者都有共同遵守的行为准则，使双方都明白自己的职责、权利和义务。业主委员会成立前，一般不会对已核准的公约进行修改。业主委员会成立后，业主大会及业主委员会有权根据实际情况及广大业主要求，决定是否续聘原物业管理公司或选聘新的物业管理公司，并有权修改业主临时公约。

本案例中，住宅小区各业主当时与开发商签订的房屋使用、维修、管理公约虽是双方当事人真实意思的表示，但由于由房地产开发公司指定的物业管理公司管理不善，未能切实履行其物业管理义务，实际上也违背了房屋使用、维修、管理公约。业主委员会成立后，它完全有权而且有充分理由要求修改，甚至解除业主与开发商签订的房屋使用、维修和管理公约。

（2）业主委员会能否要求物业管理公司退出小区管理？

根据《物业管理条例》的有关规定，前期物业服务合同的有效期限到业主委员会成立时为止,即一旦业主委员会成立,开发商或物业管理公司与购房者签订的前期物业管理服务协议即自动失效。此时,如果业主委员会认为开发商聘用的物业管理企业是一个合格的甚至是很好的管理者,则它可以与该物业管理公司续签委托合同,即行使续聘权;反之,它也有权辞掉该物业管理公司,并选聘新的管理单位。从本案例中的情况看业主委员会完全有权行使自己的辞聘权,并有权根据有关法规规定,要求该物业管理公司退出该小区的物业管理工作。

(3) 物业管理公司能否以业主欠费为由拒绝退出小区管理?

首先,业主应该坚持交费。业主对物业管理公司有意见,要及时向物业管理公司提出,但在合同有效期内该交的费用还要交。当然,如果是物业管理公司乱收费,业主可以拒交。本案例中,业主拒交管理费,虽然有一定的过错,但这是在物业管理公司违反合同的前提下的作为,有其一定的法律依据。另外,是否退出小区管理和业主欠费没有必然的法律关系。《物业管理条例》规定业主有权辞聘或选聘物业管理公司,合同解除了,物业管理公司就应当退出管理,不能以业主欠费为由拒绝退出,因为,即使物业管理公司退出小区管理了,其债权、债务关系也没有改变,物业管理公司还有权进行追缴。

附:
物业管理交接纠纷的法律分析

一、物业管理交接纠纷发生的原因

物业管理交接纠纷频频发生的原因有很多:物业管理公司的观念不适应物业管理市场化要求、物业管理招投标的程序不完善、物业管理公司和业主委员会在沟通方面存在误解、规范物业管理交接的法律法规不健全……从法律层面上分析,产生物业管理交接纠纷的原因可以分为以下两类:

(1) 业主大会以物业管理公司提供的服务不到位为由提前解除物业服务合同,而物业管理公司以种种理由不同意解除合同,也不办理交接,由此导致纠纷。我国有关由业主大会公开选聘物业管理公司负责对本物业区域进行管理的制度刚刚建立,目前大多数的物业区域都由开发商确定的物业管理公司负责管理,业主只能被动接受,很多物业管理公司的竞争意识、危机意识不强,服务不到位,也不主动与业主进行沟通,双方缺乏良性互动。在《物业管理条例》明确赋予业主大会公开选聘、解聘物业管理公司的权利后,很多小区的业主大会积极行使这一权利,以服务不到位为由解聘原物业管理公司。当前产生的物业管理交接纠纷大部分属于这一类,如 2001 年 12 月 8 日,杭州最早的高层住宅小区-中山花园业主大会就以"收费过高、管理不善、开支混乱"为由解聘原物业管理公司,并选聘了新的物业管理公司入驻,但是因为原物业管理公司不配合接交而产生纠纷,导致小区出现物业管理"真空"。

(2) 物业服务合同期限届满或者前期物业管理结束,业主大会选聘新的物业管理公司进驻管理,而原物业管理公司不甘退出,继续占据小区,拒绝与新物业管理公司进行交接,因而产生纠纷。如 2003 年 3 月 18 日广州市中级人民法院曾终审判决原物业管理公司必须撤出的广州翠湖山庄新旧物管交接纠纷案,就是由于前期物业管理阶段完成后业主委员会选聘了新的物业管理公司,但是开发商确定的物业管理公司却拒不移交物业管理权,并与新物业管理公司发生严重冲突,致使小区遭受重大经济损失。

二、物业管理交接纠纷的法律性质

根据《物业管理条例》的规定,移交物业管理用房和资料是物业管理公司在物业服务合同终止后必须承担的责任,即《合同法》所规定的"附随合同义务"(见《合同法》第九十二条),因此,物业管理交接纠纷属于合同一方不履行"附随合同义务"而产生的合同纠纷。物业管理交接纠纷在形式上表现为物业管理公司不移交物业管理用房、资料,但本质上是物业管理公司不移交物业管理权。具体可以分为两种情况:

(1)建设单位与前期物业管理公司、业主委员会与所聘物业管理公司之间签订有物业服务合同,并且明确约定了合同期限。我国《物业管理条例》第二十六条规定:"前期物业服务合同可以约定期限;但是,期限未满、业主委员会与物业管理企业签订的物业服务合同生效的,前期物业服务合同终止。"第三十五条第二款规定:"物业服务合同应当对物业管理事项……合同期限、违约责任等内容进行约定。"由此我们可以看出,业主委员会与物业管理公司签订的物业管理合同必须明确约定服务期限,而前期物业服务合同虽然可以约定期限也可以不约定期限,但是实际上《物业管理条例》已经明确规定了其最长有效日期-业主委员会与物业管理企业签订的物业服务合同生效之日。

对于这类有明确期限的合同,我国《合同法》规定当事人双方都不得随意解除合同,以保证合同的法律效力。但是为了适应随时可能发生变化的实际情况,保护当事人的利益,《合同法》规定如果出现以下情况,当事人可以单方面解除合同:

1)因不可抗力致使不能实现合同目的;

2)在履行期限届满之前,当事人一方明确表示或者以自己的行为表明不履行主要债务的;

3)当事人一方迟延履行主要债务,经催告后在合理期限内仍未履行;

4)当事人一方迟延履行债务或者有其他违约行为致使不能实现合同目的;

5)法律规定的其他情形。

业主与物业管理公司签订物业服务合同的目的是为了享受方便、及时并且与物业管理费相当的物业服务,如果物业管理公司没有严格按照合同履行自己的义务,提供相应的服务,致使业主不能实现其合同目的,或者出现其他可以解除合同的法定情形,则业主委员会可以根据《合同法》的以上规定提前解除合同。《合同法》第九十七条规定:"合同解除后,尚未履行的,中止履行;已经履行的,根据履行情况和合同性质,当事人可以要求恢复原状、采取其他补救措施,并有权要求赔偿损失。"根据物业服务合同的性质,物业管理公司提供的是一种服务,不可能恢复原状,但是如果物业管理公司未经业主大会同意就擅自改变小区内公共设施设备或者有违章搭建情况的,则物业管理公司应当恢复原状。这种行为给业主造成损失的,物业管理公司还应当承担赔偿责任。

《物业管理条例》第三十九条规定:"物业服务合同终止时,物业管理企业应当将物业管理用房和本条例第二十九条第一款规定的资料交还给业主委员会。物业服务合同终止时,业主大会选聘了新的物业管理企业的,物业管理企业之间应当做好交接工作。"因此,按照法律法规的规定和物业服务合同的约定做好物业管理交接工作是物业管理公司必须承担的"附随合同义务"。物业服务合同期限届满或者被解除,业主大会选聘了新的物业管理公司负责小区的物业管理，原物业管理公司拒不进行交接而产生纠纷的，原物业管理公司需要承担违约责任，不依法进行交接的行为给业主或新物业管理公司造成损失的，还应当承担赔偿责任。另一方面，如果有业主拖欠物业管理费或者由物业管理公司代收代缴水电费的，物业管理公司也有权要求欠费的业主清偿其所欠费用。

（2）业主委员会与物业管理公司签订的物业服务合同没有明确约定服务期限，或者双方没有签订物业服务合同。由于我国推行物业管理公开招投标的时间不长，当前还有大量的物业区域由开发商确定的物业管理公司负责管理，业主委员会与物业管理公司签订的物业服务合同往往比较简单，有的甚至根本就没有合同。对于没有约定服务期限的情况，我国《物业管理条例》没有做出相应规定，但是我国《合同法》第六十一条规定："合同生效后，当事人就质量……等内容没有约定或者约定不明确的，可以补充协议；不能达成补充协议的，按照合同有关条款或者交易习惯确定。"第六十二条进一步规定："当事人就有关合同内容约定不明确，依照本法第六十一条的规定仍不能确定的，使用下列规定：……履行期限不明确的，债务人可以随时履行，债权人也可以随时要求履行，但应当给对方必要的准备时间。……"所以，如果业主委员会与物业管理公司签订的物业服务合同没有约定服务期限，而业主大会选聘了新的物业管理公司入驻管理，或者物业管理公司主动要求撤离的话，法律是允许的，但是首先应当争取通过友好协商的方式达成有关协议，解决好物业管理用房、资料移交的问题，只有在无法达成协议的情况下，才能通过单方面的行为解除合同，并给对方必要的准备时间办理物业管理交接手续。否则，给对方造成损失的，责任方需要承担赔偿责任。

对于没有签订物业服务合同的情况，由于双方在事实上形成了一种合同关系，根据我国司法实践，任何一方都可以随时终止这种事实上的合同关系，但是应当及时通知对方，并给对方必要的准备时间。因此，如果业主委员会聘请了新的物业管理公司，或者物业管理公司主动要求撤离的，应当及时通知对方并给对方必要的准备时间，双方本着公平、诚实信用的原则对所形成的债权债务进行清算，办理物业管理交接手续。

三、解决物业管理交接纠纷的途径

根据我国有关法律法规的规定，对于物业管理交接纠纷，可以采取以下五种方式进行解决：

（1）当事人双方协商解决。由被解聘的物业管理公司和业主大会授权的业主委员会（可能还包括新聘的物业管理公司）双方在自愿、平等、互谅互让的基础上就物业管理交接有关事项如拖欠物管费的支付、物管公司代收代缴水电费的结算、物管公司对小区公共建设额外投入的回收等进行协商，以解决双方之间的争议。由于这种协商解决的方式体现了当事人意思自治的原则，有利于化解纠纷、平息争议，最大程度的避免双方的经济损失，维护双方的社会声誉，避免给小区全体业主的正常生活秩序造成影响。因此这种方式对于双方来说都是最有利的，一旦发生物业管理交接纠纷，双方应尽量通过协商的方式妥善解决。

（2）由物业管理协会、居委会或者其他第三方调解解决。随着物业管理协会组织建设的不断完善，其在物业管理行业中的地位和作用也在不断加强，物业管理交接纠纷发生后，当事人可以在自愿的基础上请求物业管理协会进行调解，双方在物业管理协会代表的主持下解决各项争议并形成书面协议。此外，发生纠纷后，当事人也可以请求居委会或者其他中立第三方进行调解。

（3）申请有关政府主管部门处理。《物业管理条例》第五条第二款规定："县级以上地方人民政府房地产行政主管部门负责本行政区域内物业管理活动的监督管理工作"，同时《物业管理条例》第五十九条规定："违反本条例的规定，不移交有关资料的，由县级以上地方人民政府房地产主管部门责令限期改正；逾期仍不移交有关资料的，对建设单位、物业管理企业予以通报，处1万元以上10万元以下的罚款。"因此，发生物业管理交接纠纷后，如果双方无法通过协商或调解达成一致意见，当事人应当及时报告当地房地产行政主管部门，由其进行立案查处。如果在交接过程中发生治安甚至刑事案件的，还应及时向当地公安机关报告，由公安机关对其中的治安或刑事案件依法进行处理。

（4）提交仲裁委员会裁决。如果当事人双方在物业服务合同中明确约定发生争议提交仲裁委员会仲裁解决，或者在发生纠纷后双方达成仲裁协议的，任何一方当事人都可以将争议事项提交约定的仲裁委员会，由仲裁委员会做出具有法律约束力的裁决。由于仲裁委员会处于严格的中立地位，其作出的裁决具有很强的社会公信力，并且仲裁是当事人自愿作出的选择，有利于消除当事人之间的矛盾。但是我国实行"或裁或审"的原则，当事人一旦选择通过仲裁方式解决纠纷，就不得再向法院提起诉讼（符合法定条件的除外），因此在选择仲裁之前，双方当事人都应作充分考虑。

（5）向人民法院提起诉讼。虽然我国目前还没有明确规定业主大会、业主委员会的法律地位，但是在司法实践中，为了维护业主的合法权益，各地基本上确认了业主委员会的诉讼主体地位。当无法通过上述四种方式解决争议时，业主委员会可以就物业管理交接纠纷向法院起诉物业管理公司，由法院依法作出判决。相应的，物业管理公司也可以起诉业主委员会。

[案例4-3] 与业主委员会委员有关联的物业管理公司能被聘用吗？

某小区欲招聘某物业管理公司对小区内的物业进行管理。在招聘过程中，小区业主们发现该小区业主管理委员会某位委员是某物业管理公司的主要股东之一。业主们以此为由要求另选其他物业管理公司，而业主管理委员会却以法律没有明确禁止与业主管理委员会委员有直接关联的物业管理公司不能被聘用为由，坚持聘用某物业管理公司。于是，该小区的业主们在某物业管理公司能否被聘用一事上与业主管理委员会发生了分歧。那么，与业主管理委员会委员有关联的物业管理公司能被聘用吗？

[案例分析]

物业管理公司是接受小区业主管理委员会的委托，对特定物业区域进行物业管理的、经过政府房屋土地管理部门审批，具有《物业管理资质合格证书》，并经工商行政部门注册登记的专业化企业。由此可见，业主管理委员会与物业管理公司之间的关系是聘用与被聘用、监督与被监督的关系。业主管理委员会的职责之一就是监督所聘物业管理公司的管理工作。作为业主管理委员会的委员，他的职责也应当包括监督所聘物业管理公司是否按照物业管理委托合同履行其义务。如果业主管理委员会的委员自行成立物业管理公司进行所在小区物业管理的话，必然使业主管理委员会拥有一种身兼监督者和被监督者的双重身份，很难公正、公平地履行监督义务，从而切实保障广大业主的合法权益。

综上所述，从业主管理委员会的职能等方面来考虑，某物业管理公司不应被聘用进行该小区的物业管理。

[案例 4-4] 业主入住时对物业管理不满意，是否可以拒绝物业管理公司的管理？

某小区业主张某在办理入住手续过程中，与物业管理公司发生了矛盾，认为该物业管理公司水平低、作风差、某些工作人员素质差，提出不同意该物业管理公司进行管理，这是否可行呢？

[案例分析]

业主张某的想法具有一定的代表性。我们认为，不管业主和物业管理公司因为什么发生了矛盾，单个业主在发现物业管理公司服务质量有问题的时候，是不能提出不同意物业管理公司管理的。

首先，物业管理公司与开发商或业主委员会签订的是集体合同。作为全体业主的代表（不管事实上是不是），开发商（物业还没有售出50%及以上之前）或业主委员会（成立后）与物业管理公司签订的合同，自然具有集体合同的性质。物业管理委托合同一般不可能也不需要与每一个单个业主签订。作为集体合同，它只能代表大多数业主或使用人的意志，而不可能代表所有业主或使用人的意志。正因为这样，有些业主或使用人会感觉到合同的某些条款对自己明显不利，也有些业主或使用人会认为某些合同条款并不是自己真实意思的表示，因而会有意或无意地不认同，甚至去破坏或不执行合同。但是，既然业主办理入住手续时，签订了《业主公约》，就意味着同意物业管理委托合同。因此，在这之后，业主是不能随意漠视管理合同和自己的承诺的。当然，这并不妨碍业主们对物业管理公司的管理服务进行批评的权利，如果物业管理公司在实施物业管理过程中有违反物业管理服务合同的行为，作为业主，有权而且可以通过一定程序追究物业管理公司的违约责任。

其次，从另外一个角度来看，物业管理公司管理的区域是很难分割的。或者说，物业管理公共服务是一个公共物品，不可能说某个业主不同意物业管理公司的管理，则该物业管理公司就可以自动停止对该业主提供公共性的管理服务。也可以说，管理一个相对封闭独立的物业管理区域的物业管理公司，只能通过一个集体组织，即业主代表组织——开发商或业主委员会来选聘，一般不可能由单个业主来选择（除非只有一个业主）。同样，如果要辞退物业管理公司，一般也不可能由单个业主或少数业主来决定，而要由上述业主代表组织，通过一个法定程序来最后确定。并且要切实对照物业管理委托合同，如果物业管理公司确实严重违反合同，则该业主可以要求业主管理委员会考虑解除原管理服务合同。

[案例 4-5] 这样选聘物业管理公司合法吗？

某小区的开发商自己组建了一个物业管理公司对小区进行前期物业管理服务，但物业交付使用一年后，小区成立了业主委员会，此时很多业主向业主委员会反映说该物业管理公司服务质量差，要求业主委员会重新选聘物业管理公司，业主委员会认为，既然业主已对该物业管理单位失去信任，那么另请其他物业管理公司是合情合理的。于是就在没有同现有物业管理公司协商的情况下，立即与另一个物业管理公司签订了物业服务合同，并请该物业管理公司挂牌进驻，而原物业管理公司在此之后才接到业主委员会的通知。致使原物业管理公司与业主委员会之间产生了冲突。双方观点针锋相对，由于不能达成和解，最后业主委员会到某区人民法院起诉。那么，业主委员会重新选聘物业管理公司，并与之签订的委托管理合同有效吗？

［案例分析］

本案例提到的是典型的"一女两嫁"问题。造成"一女两嫁"的现象，症结是对业主委员会的选聘权的理解问题。目前，由这个问题引发出来的业主委员会与物业管理公司之间的纠纷已显得日益突出。

首先，业主委员会有没有选聘权的问题。根据《物业管理条例》的规定，业主委员会无权直接选聘物业管理公司，其只能就选聘物业管理公司的事项提请业主大会讨论决定，经三分之二的业主代表同意的情况下，业主委员会才能根据业主大会的决议和授权选聘新的物业管理公司。本案例中业主委员会没有提请业主大会讨论，也没有业主大会的授权，而是直接选聘新的物业管理公司，其做法是没有法律依据的。

其次，即使业主委员会是根据业主大会的决议和授权而选聘新的物业管理公司，也应在与物业管理公司所签合同合法解除以后才可以行使选聘权。如果业主委员会要解除合同，必须经双方协商一致，如果不能达成一致，也应通过一定的法律程序来解决。

［案例4-6］ 物业管理公司是否一定要通过招标进行选择？

有人认为：如果物业管理公司的选聘没有通过公开招标，而是由开发商请进来的，则业主有权不予认可，甚至可以提出通过重新招标来选聘物业管理公司的要求。那么，物业管理公司是否一定要通过公开招投标进行选择呢？

［案例分析］

本案例实际上涉及两个方面的问题。

第一个问题，房地产开发商有无首先行使选聘物业管理公司并与之签订物业服务合同的权力。作为开发商，在自己开发的房子没有卖完之前，它首先是一个大业主。同时，在业主购房过程中，或者说在业主委员会还未成立之前，物业管理工作就已开始，作为物业的重要产权人或其之一，房地产开发商有权利，有义务，也有条件首先选择物业管理公司，来承担自己开发物业的管理维护责任。

第二个问题，物业管理公司是否一定要通过公开招投标方式选择才算合法？国家鼓励物业管理公开招投标，物业管理公司通过公开招投标来选择当然是我国物业管理行业发展的政策导向。同时，物业管理企业引进市场经济条件下的竞争机制，以公开招标方式为主，以协议方式为辅，可以保证整个行业公平、公正、公开的对物业管理企业进行选择，这有利于推动物业管理工作的发展和规范化。但是，由于我国物业管理总体还处于发展初期，统一的物业管理市场还远未形成，物业管理招投标规章制度还没有完全建立或建立完善，要求选择物业管理企业要严格按照公开招投标的方法还会有一个过程。中国物业管理发展最早、管理较好的南方城市深圳，也不是每个托管面积的物业管理都是通过招投标来选择物业管理公司的。如果不顾物业管理的发展现实，不管业主的实际消费水平，不但不能推动物业管理的发展，而且还可能会影响物业管理行业的社会声誉，甚至阻碍物业管理行业的健康发展。

[案例4-7] 广东业主首次告倒物业管理公司

2002年初，某住宅小区已入住70%的业主，尚有30%房屋未售出。该住宅小区是A房产公司。2000年8月8日，A房产公司与B物业管理公司签订了住宅小区委托管理合同，委托B物业管理公司对该小区的物业实行统一管理，期限自2000年9月8日至2006年9月8日。B物业管理公司隶属A房产公司。

该小区建成和交付使用多年仍迟迟未办理该物业的综合验收手续，多栋楼宇至今还没有通过验收，配套设施也不足。综合验收未通过，但管理费用照收，业主有意见，矛头指向了B物业管理公司。

2002年2月，业主们投票选举产生了"业主委员会"（以下简称业委会），同年2月16日，某区房地产管理局以《关于某小区业主委员会申请备案的批复》同意该小区业委会成立。业委会成立后，着力解决了小区电量不足等问题。

2002年3月，B物业管理公司和业主长期积聚的矛盾激化了。B物业管理公司张贴通告，称"由于业主长期交不齐水电费，供水供电企业已发出断水断电通知，并且由于收不齐管理费，公司亏损长达半年，所以停止一切物业服务，撤出小区"。业主们称，他们并不是拒交水电管理费，而是因为这个小区未经综合验收就投入使用，至今仍是临时用水、临时用电，业主生活极其不便。去问物业管理公司，又答复说"小区的临时用水、临时用电问题以及其他遗留问题是业主与开发商的问题，与小区物业管理处及物业管理公司没有关系"。既然都扯皮，那就干脆不交费。小区停水了，业主只能全部使用消防用水。垃圾露天放置无人问，拆房的废墟无人埋，整个小区路两边没几个座椅，没有自己的信箱。为了给大家找一个收费合理、服务周到的物业管理公司，避免再次与B物业扯皮，业委会决定另行公开招聘物业管理公司。

在广泛征求业主意见的基础上，业委会于2002年5月8日制作了物业管理服务招标书，公开向C物业管理公司等7家单位提出邀标。在主管上级、公证人员和业主代表监督下，经过8位评委打分，C物业管理公司荣获第一名，成为该小区的新物业管理单位。

2002年5月27日，业主委员会致函B物业管理公司，要求在6月1日前办理小区的物业管理移交。B物业管理公司在小区的公告牌上张贴的复函表示，B物业管理公司在小区实施物业管理是受A房产开发公司委托，在没有委托方通知之前，不会向任何人办理小区物业管理移交手续。开发商A房产开发公司则在函中表示：这次业主委员会组织的招标活动，A房产开发公司作为小区大业主未被邀请参加并行使发展商应有的权利，因而它缺乏合法性和公正性；该小区是房产公司未开发完的小区，还有许多资产关系未理顺，在6月1日前办理移交管理权是不可能的；由于有部分业主欠交管理费用，为维持小区的正常管理运作，公司已经垫支了几十万元费用，在移交管理权前请业主委员会协助收回欠费。后来，业主委员会不得不将B物业管理公司告上法院。一审法院依法审理判决B物业管理公司要向业主委员会交出物业管理权。

[案例分析]

《城市新建住宅小区管理办法》第5条规定，房地产开发企业在出售小区房屋前，应当选聘物业管理公司承担住宅小区的管理，并与其签订物业管理合同。住宅小区在物业管理公司负责管理前，由房地产开发企业负责管理。第6条规定，住宅小区应当成立住宅小区管理委员会（以下简称管委会）。管委会是在房地产行政主管部门指导下，由住宅小区内房地产产权人和使用人选举的代表组成，代表和维护住宅小区内房地产产权人和使用人的合法权益。本案中的业主委员会是通过合法选举产生和依法经过有关部门批准成立的群众自治管理组织，物业管理权是业主赋予业委会的一项权利，并非建设单位所有。本案的小区已交付使用的建筑面积达70%以上，且使用已超过一年，并经业主投票选举及房管局批准成立业主委员会，该业委会的成立合法有效，具有诉讼主体资格。

本案中的开发商A房产公司与购房者在签订《房地产预售契约》时约定，由该公司委托的物业管理公司进行物业管理，但这是依据《城市新建住宅小区管理办法》第5条规定，为保证购房者在业委会未产生前能享受完善的居住条件而签订的。一旦业委会成立，建设单位和管理公司应按规定将物业管理权移交给业委会。因此，业委会成立后即享有小区的物业管理权，有决定选聘物业管理公司的权利，而开发商与物业管理公司签订的物业管理合同即予终止。本案中开发商将小区建成和交付使用多年后，仍迟迟不办理该物业的综合验收手续，在业主入住期间仍向业主收取物业管理费，还以此为由拒不交出物业管理权，严重违反诚实信用原则，侵犯业主的合法权益。

[案例4-8] 业主委员会有权解聘开发商委托的物业公司——在何种情况下业委会可以解聘物业公司？

2000年3月，某房地产开发公司聘请某物业管理公司为其开发的某小区进行物业管理。业主入住时同意开发商与之签订委托管理合同。2002年1月，该小区入住率达到50%以上时，小区业主委员会接到大部分业主对被告管理服务不满意的投诉。该小区业主委员会自成立以后没有跟被告续签委托管理合同，因此，根据《城市新建住宅小区管理办法》，业委会要求另选聘物业管理公司。由于某物业公司不同意解除，小区业委会诉诸于法院。

原告诉称：某物业管理公司服务差，大部分业主不满意，要求解聘该公司。被告辩称：被告早期与开发商有委托管理合同，且业主购楼时与开发商的契约中已订明"同意开发商委托的管理公司管理。"因此，业主无权解聘管理公司。请求法院驳回原告的诉讼请求。

一审法院认为：根据《城市新建住宅小区管理办法》第7条规定，业委会可以应广大业主的要求另选聘物业管理公司。故判决原告有权解除委托物业管理合同，另选聘物业管理公司签订合同。

[案例分析]

《城市新建住宅小区管理办法》第7条规定："管委会的权利：① 制定管委会章程，代表住宅小区内的产权人、使用人，维护房地产产权人和使用人的合法权利；② 决定选聘或续聘物业管理公司；③审议物业管理公司制订的年度管理计划和小区管理服务的重大措施；④检查、监督各项管理工作的实施及规章制度的执行。管委会的义务：①根据房地产产权人和使用人的意见和要求，对物业管理公司的管理工作进行检查和监督；②协助物业管理公司落实各项管理工作；③接受住宅小区内房地产产权人和使用人的监督；④接受房地产行政主管部门、各有关行政主管部门及住宅小区所在地人民政府的监督指导。"可见，管委会的权利之一是决定选聘或续聘物业管理公司。在地方规定中比较具体，如北京市人民政府令1995年第21号《北京市居住小区物业管理办法》第8条第3款规定："居住小区开发建设周期较长的在物业管理委员会成立前，由该居住小区的开发建设单位负责物业管理，并可选择物业管理企业进行前期管理。物业管理委员会成立后，由其决定物业管理企业的续聘或解聘。"同时在第8条第1款中规定："居住小区已交付使用并且入住率达到50％以上时，应当在该居住小区开发建设单位、居住小区所在地的区、县房屋土地管理机关指导下建立物业管理委员会。"

本案中，该小区物业管理公司是开发商聘请的，在业主委员会成立之前，业主一旦购房就须接受该物业管理公司的管理，即在购楼中订明：同意开发商委托的管理公司管理。但等到业主委员会成立后，召开业主大会，听取业主的大部分人的意见后，业主委员会有权做出续聘该物业管理公司或另选聘其他物业管理公司签约的权利。

业主委员会的权利不受开发商与原物业管理公司与单个业主对原契约的承认的限制。本案例的关键在于业主委员会成立之后是否与该物业管理公司续签了合同，如果没有续签，应大多数业主的要求，其可以另选聘其他物业管理公司签订委托管理合同。但如果已与该物业管理公司签订了委托管理合同，在该物业管理公司不存在违约的情况下，业主无权要求解聘。一般情况下，委托合同中都附有委托管理期限或解约条件，如果没到合同期届满或解约条件生成，也没有法定的合同解除事由产生，双方都不能单方强行要求解除合同，除非协商一致，否则违约，应负相应的责任。

我国《合同法》第107条规定："当事人一方不履行合同义务或履行合同义务不符合约定的，应当承担继续履行、采取补救措施或者赔偿损失等违约责任。"违约行为只能存在于特殊的关系中，即当事人之间已经存在着合同关系；如果合同关系并不存在，则不发生违约行为，如果合同已经成立，当事人因违反合同义务应承担违约责任。我国《合同法》第108条规定："当事人一方明确表示或者以自己的行为表明不履行合同义务的，对方可以在履行期限届满之前要求其承担违约责任。"业主和物业管理公司是一种平等主体之间的合同关系。如果业主在没有法定事由合同期满或协商一致的情况下要求解约，就是预期违约的行为。所谓预期违约，亦称先期违约，包括明示毁约和暗示毁约两种，本案中如果双方已续签了合同，并且业主要求解除合同无证据，明确肯定地向另一方当事人表示了将不履行合同，是明示毁约行为，所以业主的请求将不能得到法院的支持，解决方法只能是双方以协商达成一致，继续履行合同义务，如业主委员会坚持要解约，由业主赔偿物业管理公司一定的违约金，违约金的多少按合同约定，没有约定的可由双方协商确定，协商确定不了的，由法院确定。如果物业管理委托合同中没有期限限制，依《合同法》第410条规定："委托人与受托人可以随时解除委托合同。因解除合同给对方造成损失的，除不可归责于该当事人的事由以外，应当赔偿损失。"业主不满物业管理公司的服务时，可以通过业委会与物业管理公司解除合同关系，但要赔偿物业管理公司的损失。

物业管理委托合同是一种新型合同，目前我国在法律上尚无明确规定，但从管理合同的性质和内容上来看，物业管理合同属于经济合同，适用于新《合同法》的调整。

国家也十分重视、关心物业管理公司与业主们签订的物业管理委托合同，为了防止合同中漏项而造成矛盾，建设部、国家工商行政管理局1997年8月25日颁布文件，推行《物业管理委托合同示范文本》，2003年9月《物业管理条例》实施后，很多地方已依据该条例制定了一些地方性的《物业服务合同》范本，对规范物业管理活动起到了很大作用。

相关判例

[判例1] 管委会招标成虚设，中标物业索要管理权。

选聘物业管理到底谁说了算？开发商、物业管理委员会还是业主？中了标却不能入场管理的迪宇物业公司为此一直感到头痛，于是，他们将中加大厦物业管理委员会、开发商某公司以及和其同名的物业公司一同告上了法庭。日前，北京市宣武区人民法院对此案进行了公开宣判。

庭审中，作为被告的中加大厦管委会满腹委屈。他们辩称，管委会于2001年4月经宣武区居住小区管理办公室批复依法成立。自此，中加大厦开发商某公司与其同名物业公司订立的前期物业服务合同将依法终止。因此，其他物业管理单位欲与中加大厦管委会签订物业服务合同的，应当依法与管委会开展洽商。考虑到当时众多业主曾与原开发商发生利益争议和诉讼，中加大厦管委会没有就是否与原物业公司续签正式物业服务开展工作。

2002年下半年开始，被告某开发公司和其同名物业公司均向中加管委会表示希望退出大厦服务，但该物业公司未经管委会同意，单方将物业管理服务转给其他公司经营。管委会明确向该物业公司和其委托公司表示，新的物业服务合同应当经过公开招投标并依法报审后，与中标的物业公司签订合同。于是，2002年11月，经公开招投标和评标，迪宇物业公司中标，原物业公司未参加投标。2003年4月，管委会正式向被告开发公司及物业公司送达《交接通知》，而两公司却置之不理，致使中了标的迪宇物业公司不能依法参与中加大厦物业服务。

现在，管委会同意全面履行与迪宇物业公司所签订的物业管理委托合同，尽快办理入场交接手续，但因原物业公司拒不撤出，故迪宇公司的经济损失及管理者酬金应由原物业公司负担。

法院审理后认为，居住小区开发建设周期较长的，在物业管理委员会成立前，由该居住小区的开发建设单位负责物业管理，并可选择物业管理企业进行前期管理。物业管理委员会成立后，应由其决定物业管理企业的续聘或解聘。

本案被告物业公司作为受开发建设单位委托对中加大厦进行物业管理的企业，在大厦管委会成立后，其是否继续对大厦进行物业管理，应由中加管委会决定。中加管委会有权决定续聘该物业公司或重新选聘物业管理公司对大厦进行管理。

迪宇物业公司依法定程序中标后，被告开发公司与物业公司之间的物业管理委托合同应予解除。现迪宇物业公司要求履行其与中加管委会签订的物业管理委托合同的请求正当。中加管委会与迪宇物业公司之间的物业管理委托合同生效后，迪宇物业公司即可在履行合同后获得履行合同的预期利益（管理者酬金）。但其之所以未获得管理者酬金，系中加管委会未履行合同所致，故管委会应给付迪宇物业公司依合同应获得的管理者酬金。

据此，法院判决，解除被告开发公司、物业公司与管委会签订的《中加大厦物业管理委托合同》，被告物业公司退出大厦物业管理，由迪宇物业公司行使大厦的物业管理权，中加大厦物业管委会给付迪宇物业公司2003年3月至2003年11月管理者酬金1.674万元。

[判例2] 天津首例业主会"辞退"物业公司案审结。

天津市和平区兴润公寓的业主们不满意为自己提供服务的物业管理公司的服务水平，在业主会一经成立后，便以业主会的名义提起诉讼，要求与物业管理公司解除物业服务关系。天津市和平区人民法院经审理一审支持了业主会的请求。业主会运用法律手段"辞退"物业公司，在天津市还是首例。

2001年8月5日，经物业主管部门批准，天津市和平区兴润公寓业主会成立。8月6日，兴润公寓业主会便与自己中意的物业管理有限公司签订了物业管理服务合同，生效日期为合同签订之日。与此同时，兴润公寓却还面临着与开发商前期选聘的原有物业管理公司之间的物业服务关系。

2001年10月，兴润公寓业主会作为原告提起诉讼，将负责公寓前期物业管理的天津市某物业管理有限公司告上法庭，要求依法解除与被告的物业服务关系；由被告向全体业主公布物业费的支出情况；将配套设施、地下管网工程竣工图等相关资料以及物业用房、变电站设施等交与原告，以利于业主会自己新选聘的物业公司进行物业服务。此次诉讼的理由是被告某物业管理公司的服务不到位。在诉状中，原告兴润公寓业主会称，2002年初，业主们相继入住，但负责前期物业管理的被告管理混乱，服务意识和服务水平令全体业主不满意，还存在乱收费的现象。业主代表与物业公司交涉要求改进，但物业公司并未改进，还在业主狭小的空间养起鸽子，严重破坏了公寓的环境卫生。

法庭上，被告物业公司对原告业主会的诉讼资格提出疑问，并称自己是经第三人天津市某置业发展有限公司委托在兴润公寓进行物业服务管理的，在服务管理中，部分业主不交纳物业费，此次业主会要求解除物业服务关系，是为了达到不交费的目的，故不同意原告诉请。第三人则提出，当初与被告签订的物业管理委托合同的有效期到2005年8月1日，现合同期限未满，故亦不同意原告诉请。

法院经审理认为，在业主、业主大会选聘物业管理企业之前，建设单位与其选聘的物业管理企业签订的物业服务合同为前期物业服务合同，当业主委员会与自己选聘的物业管理企业签订的物业服务合同生效时，前期物业服务合同终止。所以，第三人与被告所签订的物业管理委托合同应予终止。经查，原告的诉讼地位符合法律规定，原告有权自主选聘物业服务企业对其提供物业服务。

案件在诉讼中，被告将物业服务资金的收支情况予以公布，原告提出的该项诉请已经执行完毕。法院遂根据国务院颁布的《物业管理条例》等相关规定，一审判决：第三人某置业发展有限公司与被告某物业管理有限公司签订的天津市物业管理委托合同予以终止；被告物业公司将物业用房、电梯、变电站、泵站设施交付原告收回，并将公寓竣工平面图等相关资料和文件交付原告。

思 考 题

1. 哪些情况下业主有权解聘物业公司，解聘的程序是怎样的？
2. 物业服务合同一般应当包括哪些主要内容？

第五章　物业管理服务

相关法条

1. 业主、物业管理企业不得擅自占用、挖掘物业管理区域内的道路、场地，损害业主的共同利益。因维修物业或者公共利益，业主确需临时占用、挖掘道路、场地的，应当征得业主委员会和物业管理企业的同意；物业管理企业确需临时占用、挖掘道路、场地的，应当征得业主委员会的同意。业主、物业管理企业应当将临时占用、挖掘的道路、场地，在约定期限内恢复原状。

2. 业主需要装饰装修房屋的，应当事先告知物业管理企业。物业管理企业应当将房屋装饰装修中的禁止行为和注意事项告知业主。

3. 物业存在安全隐患，危及公共利益及他人合法权益时，责任人应当及时维修养护，有关业主应当给予配合。责任人不履行维修养护义务的，经业主大会同意，可以由物业管理企业维修养护，费用由责任人承担。

4. 住宅物业、住宅小区内的非住宅物业或者与单幢住宅楼结构相连的非住宅物业的业主，应当按照国家有关规定交纳专项维修资金。

5. 专项维修资金属业主所有，专项用于物业保修期满后物业共用部位、共用设施设备的维修和更新、改造，不得挪作他用。

6. 利用物业共用部位、共用设施设备进行经营的，应当在征得相关业主、业主大会、物业管理企业的同意后，按照规定办理有关手续。业主所得收益应当主要用于补充专项维修资金，也可以按照业主大会的决定使用。

7. 物业管理用房的所有权依法属于业主。未经业主大会同意，物业管理企业不得改变物业管理用房的用途。

8. 建设单位擅自处分属于业主的物业共用部位、共用设施设备的所有权或者使用权的，由县级以上地方人民政府房地产行政主管部门处5万元以上20万元以下的罚款；给业主造成损失的，依法承担赔偿责任。

9. 未经业主大会同意，物业管理企业擅自改变物业管理用房的用途的，由县级以上地方人民政府房地产行政主管部门责令限期改正，给予警告，并处1万元以上10万元以下的罚款；有收益的，所得收益用于物业管理区域内物业共用部位、共用设施设备的维修、养护，剩余部分按照业主大会的决定使用。

10. 业主依法享有的物业共用部位、共用设施设备的所有权或者使用权，建设单位不得擅自处分。

11. 建设单位应当按照规定在物业管理区域内配置必要的物业管理用房。物业管理用房的所有权依法属于业主。未经业主大会同意，物业管理企业不得改变物业管理用房的用途。

12. 物业服务合同终止时,物业管理企业应当将物业管理用房交还给业主委员会。

13. 物业管理企业应当协助做好物业管理区域内的安全防范工作。发生安全事故时,物业管理企业在采取应急措施的同时,应当及时向有关行政管理部门报告,协助做好救助工作。

14. 物业管理企业雇请保安人员的,应当遵守国家有关规定。保安人员在维护物业管理区域内的公共秩序时,应当履行职责,不得侵害公民的合法权益。

15. 对物业管理区域内违反有关治安、环保、物业装饰装修和使用等方面法律、法规规定的行为,物业管理企业应当制止,并及时向有关行政管理部门报告。

——国务院《物业管理条例》,2003 年 9 月 1 日起施行

案例精选

[案例 5-1] 入住前装修住房,是否一定要向物业管理公司申请?

某业主刘某新买一套商品住宅,开发商很快便把房屋交付给他,刘某非常高兴。可是在接收房屋准备入住时,住宅小区物业管理公司告诉他,需要先办理一系列手续,其中包括装修申报手续。刘某非常不解:住宅是自己买的,为什么自己装修自己的住房,还要先向物业管理公司申报呢?

[案例分析]

要回答这个问题,首先必须正确理解和界定住宅的共有部位和自用部位。国家有关法规规定,建筑物包括共同部位和自用部位两个方面。建筑物共同部位主要包括楼盖、屋顶、梁、柱、内外墙体和基础等承重结构部位和外墙面、楼梯间、走廊通道、门厅、电梯厅、楼内车库等。房屋建筑共用设施、设备包括共用的上下水管道、落水管、邮政信箱、垃圾道、烟囱、供电干线、共用照明、天线、中央空调、暖气干线、供暖锅炉房、高压水泵房、楼内消防设施设备、电梯等。业主自用物业建筑物部分和自用设备是指户门以内的部位和设备,包括水、电、气户表以内的管线和自用阳台等。由此可见,即使是自己买的房子,也不是所有的部位都是自己的,还有很多部位是同一栋楼全体业主所共有、共用的,对于全体业主所共有、共用的部位,单个的业主显然没有权力去进行改变。同时,这还不单单是权力的问题,更重要的是涉及建筑物的安全使用问题。单个业主从自己使用方便角度进行装修,可能会破坏承重结构、防水层等,轻者会损害其他业主的利益(如造成房屋漏水),重者则会带来房屋的倒塌,造成人身和财产的重大损失。这又从另外一个角度说明了,不进行装修管理实际是不行的。

其次要考虑的是住宅小区管理公约是否已经规定装修管理是物业管理公司的管理内容之一。物业管理公约(也称"业主公约"或"公共契约")是一种物业的产权人和使用人自我约束的文件。其主要目的是反映广大业主和使用人的共同意愿,满足其共同的安全、

舒适、方便等要求。但是，物业管理公约属于协议、合约，不是法律，不能约束业主和使用人的全部行为，而只能约束因物权而产生的客观行为，其目的是为了维护物业的正常使用。

物业管理公约对全体业主以及管理者均有约束力。公约应在入伙时要求住用人签字或在购房时要求产权人签字，当这些人中有半数以上的人无异议并已签字时，物业管理公约即可生效，对于未签字的住用人也必须遵守公约。

物业管理公约的主要内容包括：① 有关概念的定义；② 业主的权益、义务和责任；③ 物业开发商应享有的权利；④ 物业管理公司的权利与责任；⑤ 物业共用部位及共用设施的管理；⑥ 物业的各类设施、设备的维修与保养；⑦ 物业管理费用的规定；⑧ 法律责任（违约责任）；⑨ 其他相关事项。房屋的装修直接影响着广大业主的利益，也是房屋管理的一项重要的内容，对物业管理公司和业主管理委员会来说，自然都不能忽视。也就是说，房屋的装修管理是物业管理公约不可缺少的重要内容之一，作为物业管理公司，有充分的理由对住户的装修行为进行监管。

从上述分析来看，物业管理公司必须从装修设计开始就进行装修审查与管理。如果不是这样，等装修完毕才开始，装修带来的损害实际上已经形成，不但很难纠正和改变，而且也给广大业主的人身和财产安全带来了威胁。所以说，住户在进行装修之前，就应提前申报，向物业管理公司申请登记，而物业管理公司则必须从装修方案的审查开始就着手装修管理工作，以确保整个装修工程在规定范围内，并保护毗邻房产、结构安全、公共设施、卫生环境等。

[案例 5-2] 物业管理公司该不该收取装修押金和装修管理费？

某业主反映，在他居住的小区内，物业管理公司对正在装修的业主除了要收取 3000 元的装修押金外，还要求交纳装修管理费 10 元/m^2 以及垃圾清运费 20 元/间。他想询问，物业管理公司收取装修押金和装修管理费有没有法律根据？

[案例分析]

现在，当住户、租户进行装修时，几乎全部的物业管理机构都要收取一些费用。这些费用总体看来，分为两种类型，一是可以退还的，二是不退还的。要退还的部分，主要是装修押金，而不退的费用部分，则往往被称为装修管理费。

对于物业管理公司是否应该收取装修押金，应按照购房人在买房时与开发商双方的约定为准，即按《房屋使用、管理维修公约》中的规定执行，很多城市的法律都没有明确的规定。我们的观点是，装修押金还是应该收取的。

实际生活中，确实有不少的装修工人在进行装修时，不考虑他人生活的方便、安全，也不顾及对建筑物、设施设备的保护，野蛮施工，随意抛掷垃圾，在不恰当的时间、地点进行施工等，引起了其他业主的极大不满。为了保证住户装修不破坏房屋主体结构，保证房屋的安全使用，住户在装修时，必须向物业管理公司提出申请，经物业管理公司批准后方可施工，而且还必须与物业管理公司签订装修协议，明确装修的内容、装修时间、垃圾处理方式以及违约责任的处理等内容。物业管理公司如果发现在装修过程中出现损坏物业、破坏物业设施设备、给其他人造成生命、健康、财产方面的损失等情形时，可从这笔押金中支付。如果装修过程一切平安，没有出现上述情形，物业管理机构将把收取的押金奉还。应该说，这是一个比较好的监督、控制、补救的好办法。

对于装修管理费问题，很多城市同样也没有明确的规定。我们认为，是否应该收取装修管理费，关键看三个方面的问题：

（1）装修管理是否属于物业管理正常管理范围的工作，或者说，装修管理的有关费用是否已经在物业管理费中收取？这个问题很明显，如果装修管理的有关费用已经在物业管理费中收取，那些没有装修的业主肯定会说对他们不公平。事实上，只有服务，才能收取费用是非常明白的道理，如果物业管理公司没有提供服务，他们是不可能，也是绝对不能提前收取装修管理费的。

（2）物业管理公司是否需要进行装修管理？有的人说，物业管理公司只要收取装修押金了，就不必收取装修管理费，言下之意是物业管理公司就不需要对装修行为进行监管，这显然是绝对行不通的。物业管理公司必须介入装修管理中去，去发现问题，解决问题，提前把可能的隐患消灭在萌芽状态中，而不能等问题出现了，拿装修押金去解决问题。何况，如果出现人命关天的大事，并不是装修押金所能解决的，也不是罚款能够解决的。另外，物业管理公司是否扣除押金，还需要对装修结果检查后才能做出，不是一般人员能够检查出来的，这既需要专业知识与经验，也需要专业人员的脑力与体力劳动，物业管理公司的付出是应该得到报酬的。

（3）装修管理是否额外增加了物业管理公司的工作量？这个问题也非常明显，如果没有装修，物业管理公司管理员工绝对要减少不少工作量。实际上，在业主装修过程中，物业管理公司要配合提供一些原始工程资料，上下协调各方面的关系（比如协调业主之间因装修干扰带来的纠纷；协调消防局、设计院等），又要对装修工人、装修材料、装修行为进行管理、监督，如纠正违章、进行电梯维护等，而这些工作当然会有人力、物力开支。换一角度讲，在装修管理中，物业管理公司不仅要投入大量人力、物力，而且更重要的是有一种无形的安全责任。

当然，装修管理费系实际发生的管理而收取的费用，如果物业管理公司事实上没有参与对装修进行管理，或者业主没有装修，物业管理公司是不应该收取该费用的。

[案例5-3] 下水道返水物业管理公司应否承担赔偿责任？

林先生购买了一套新建商品房，2001年10月高高兴兴地到小区物业管理处办理了入住手续。林先生准备对新房子装修一下，就与某装修施工企业签订了装修协议。林先生按照物业管理公司的要求，又与物业管理公司签订了装修监督协议，并向物业管理公司交纳了装修押金。经过一个多月的施工，林先生的房子装修好了，就请物业管理公司验收，物业公司验收后，将装修押金退还给了林先生。于是，林先生就与装修公司结清了所有费用。林先生高兴地搬进了新居，一个月后，林先生家主卧室卫生间的地漏突然返水，污水将三间卧室及走廊地面的高级复合地板、卧室门泡坏，屋内臭气弥漫。林先生急忙通知物业管理公司，物业管理公司立即派人疏通下水道，在疏通过程中，查明下水道堵塞的原因是下水道内存在大量装修垃圾和生活垃圾。林先生认为这是由于物业管理公司在履行监督装修行为时未尽职责引起的，要求物业管理公司赔偿损失，物业公司不同意，林先生于是就把物业管理公司告上了法庭。

请问：下水道返水物业管理公司应否承担赔偿责任？

[案例分析]

本案例中林先生与物业管理公司签订协议，由林先生向物业管理公司交押金，物业管理公司对林先生装修施工的行为进行监督，双方成立装修监督合同关系。在这个合同关系中，林先生履行了交纳装修押金的义务，物业管理应当依双方的协议和有关家庭装修的法律规定实施监督管理，其义务是认真履行监督职责，保障林先生聘请的装修施工单位能够按质按量地完成装修任务。

从案情来看，物业管理公司在进行装修验收时并未仔细检查下水道的通畅状况，主观上存在疏忽大意或检查项目、手段上的疏漏。总之，物业管理公司在履行与林先生签订的协议时，未能全面履行双方签订的装修监督协议，存在违约行为。而正是这种违约行为导致了林先生的损害，违约行为与损害事实之间有因果关系，因此，物业管理公司应当赔偿林先生的损失。

[案例5-4] **物业管理公司为业主代管装修剩余材料是否可行？**

2003年1月，某新建花园小区业主纷纷入住后，第一件事就是忙着装修，高兴之余也有一块"心病"。剩余的装修材料无处存放，成为"鸡肋"。这些余料扔掉吧，有点心痛，万一日后需修补，恐无处小量购货；不扔吧，放在家里既占地，又煞风景。有的业主只能乘着夜晚无人时悄悄地放到门外。虽然业主装修后多余建材的处置不是物业管理的服务内容，签订的物业管理服务合同中也没有这一项，但物业管理处员工们积极献计献策，为业主排忧解难，他们最终找到了办法。物业管理处与开发商联系，把大楼地下空余的车库辟出一块地方，让业主堆放剩余建材，免费代为保管。他们对业主需代管的剩余建材按户名逐一登记，并在实物上贴上姓名标签。这些余料保管期为6个月，逾期经联系确认业主不认领的作无主处理。同时，他们还建议业主作价出让，由物业管理处牵线，让需要小额添置建材的业主前来调剂。

这一办法确定后，物业管理处立即在小区宣传栏贴出告示，业主们对此反响非常热烈。不少业主高高兴兴地将自家多余的装修建材送到地下车库里来，物业管理处员工热情接待，细心地当面点清，并且妥善地捆扎好，贴上户名标签，做好登记。没多久，库房里特地预备的临时货架整整齐齐堆放着业主们委托保管的材料。有的业主在代保管库房里觅到了需要的建材，双方当场成交，皆大欢喜。

请问：物业管理为业主代管装修剩余材料是否可行？

[案例分析]

本案例中物业管理公司开创为业主装修后剩余建材的代保管服务。可以肯定的是该物业管理处为业主排忧解难的主动性和创造性。业主装修后多余的建材，乱扔乱放在门外走道里，小区公共环境的整洁美观势必会遭到一定程度的破坏。面对此种情况，物业公司没有一纸通告予以禁止，而是发动员工献计献策，最后终于想出了办法，而且耐心服务，不仅没有造成双方的矛盾，反而受到了广大业主的好评，这是很难得的。但同时，作为物业管理公司而言，其免费代管装修剩余材料的行为实际上与业主之间形成了一种事实上的保管合同关系，若出现材料遗失损坏等情况，业主可能会要求物业管理公司赔偿，因此物业管理公司应加强风险防范意识，积极采取有效的防范措施。

[案例5-5] 业主装修擅自封阳台落水管，物业管理公司出面妥善解决。

某小区的一业主在装修时，擅自将阳台与房间打通，并铺了地板。他把部分落水管改用橡胶管子连接，并把阳台的落水管用砖墙封闭起来。天长日久，落水管的橡胶部分损坏。一次，天下暴雨，雨水漏进地板内，该业主楼下504室也开始漏水。雨不停地下，504室阳台与房间的顶部交界处滴水，渗水向内延伸约2m多。504室住户并排放置了浴盆、面盆四五个，前后共积了七八盆水。管理处经理和维修工及时赶到现场，敲开六楼封闭的落水管墙，将落水管修复。尽管管理处经理及维修工尽了最大的努力，但由于504室地板进水，凸起变形。504室住户声称："房子发生问题，只找物业管理公司，不找楼上业主。"物业公司只好与居委会将楼上、楼下两位业户（业主和住户）请到一起，共同分析引发漏水的原因，商量相应的处理方法及赔偿事宜。经过协商，双方达成了一致意见，六楼业主赔偿楼下住户500元。

[案例分析]

在这起案例中，楼上业主违规装修，造成楼下住户受损。虽然物业管理处出面协调，问题最终得到了解决，但教训应该吸取。现在，业主违规装修房子的现象较普遍，许多人图方便封闭落水管，而一旦发生漏水，维修起来很不方便。这样一来，既造成不必要的损失，也很容易引起邻里纠纷。本案例中的6楼业主违反了装修管理规定，不仅自己家里出现地板变形，而且导致楼下504室住户家里严重漏水。要避免业主违规装修，物业公司应在业主进户时，加大装修知识宣传力度，并对装修注意事项约定详细，一旦发生问题按合同处理。对业主来说，应该知晓装修知识，不能随心所欲地进行装修。装修不当产生的后遗症，不但影响到居住质量，造成损失，而且容易引发邻里纠纷。小区建设要靠大家努力，只有物业公司与广大业户共同努力，才能最大限度地避免纠纷的发生，才能共建美好家园。

[案例5-6] 业主擅封阳台，物业被判败诉。

原告长江公司诉称，被告购置了位于本市苜蓿园大街59号的大邦花园3幢302室住宅，入住后其提出要将该住宅北阳台封闭，在业主委员会拒绝其请求的情况下，被告不顾物业公司的制止，强行施工包封了北阳台。被告的行为违反了有关规定和管理公约，且被告北阳台的包封已影响到了大邦花园的统一有序和整齐美观，妨碍了原告的正常管理，侵害了园区的整体利益，故诉至法院请求判令被告立即拆除阳台的包封，恢复原状，消除影响，并承担本案的诉讼费用。

被告周人宜辩称，被告为包封北阳台曾多次提出申请，但原告及业主委员会不作任何调查、专访，即予以拒绝。被告包封住宅北阳台完全系出于保护自身人身和财产安全及生活方便，并没有违反有关法律、法规规定，是合法行使自己权利的行为。况且并没有因此而改变房屋用途或者是破坏房屋结构、危及房屋安全。被告与原告签订的《管理公约》是在遭到原告以不准拿钥匙威胁的情况下才签订的，即使对照该《管理公约》，被告包封北阳台的行为在客观上也不属于"乱"封，因此也不适用《管理公约》的约定。据此被告认为原告的诉讼请求于法无据，请求法院驳回原告的诉讼请求。

查明的事实：经审理查明，被告周人宜于1998年5月4日购买了位于本市苜蓿园大街59号大邦花园3幢302室产权住房一套，依法领取了产权证，并在入住前签订了一份管理公约，其中约定该公约经开发商、管理人签章和购买物业的第一任业主签字后生效。但该房的开发商并未按约在管理公约上签字、盖章。被告入住该房后以自己生活需要及日常安全为由与其他几名住户联名于2000年1月3日向当时的大邦花园物业管理部提出申请，要求准许其包封该住宅北阳台。2000年2月14日原告下属大邦花园物业管理部作出答复以维护园区的整体美观统一为由拒绝了被告的申请。后被告与其他住户于2000年4月6日再次联名提出包封其住宅北阳台的申请，大邦花园业主委员会于2000年6月11日在业主委员会一届三次会议上对被告的申请经过讨论后，仍不同意被告包封北阳台，并建议此类问题不再研究。被告在此情况下，自行于2000年9月10日沿着其住宅北阳台内侧对阳台进行了包封，但在包封的北阳台的外观上注意与园区保持协调一致。原告发现后多次与被告交涉，要求被告立即将北阳台的包封予以拆除，被告一直未予以拆除。

另查明，原告系1998年7月30日即合法取得城市物业管理资质的物业管理企业，其按照1999年12月10日南京市白下区房地产管理局白房局（1999）第26号关于大邦花园物业管理委员会选举办法的批复，经过组织选举产生大邦花园物业管理委员会（后更名为大邦花园业主委员会）及其组成人员，该委员会于2000年5月25日经南京市房产管理局宁房物（2000）第141号关于同意成立大邦花园住宅小区物业管理委员会的批复的批准予以正式成立。2000年3月12日大邦花园住宅小区物业管理委员会与原告签订一份物业管理合同，委托原告负责对园区内房屋建筑共用部位、共用设备设施、公共设施和附属建筑进行维修、养护、管理。并在2000年3月15日经大邦花园业主委员会第一届一次会议审议并通过了大邦花园业主委员会章程、大邦花园管理公约及修正案。

判决结果：驳回原告江苏长江物业管理有限公司的诉讼请求。案件受理费50元，其他诉讼费100元，合计150元，由原告江苏长江物业管理有限公司负担。

[案例分析]

本案中的民事法律关系并不复杂，但由于物业管理企业为保证业主委员会赋予其的物业管理职权得以顺利行使，而诉至法院的物业管理纠纷，则是比较少见，通常此类物业管理纠纷多见为业主不满物业管理企业不依约履行其物业管理的义务。随着当今商品房买卖的不断升温，良好的物业管理成了买房后人们十分渴望的。但物业管理企业如何适当地行使其权利，履行其义务，一直未有一部统一的专门法律对其予以规范。本案中的关键就在于如何看待物业管理企业的职权范围与业主对其物业所有权的正当行使之间的关系。我们认为本案中的被告购买了本市苜蓿园大街59号3幢302室房屋的产权，并依法领取了产权证，也就对自己的住房享有了合法的所有权，被告在其物权的范围内合法行使权利，自然应受到法律的保护。也就是说被告对其物权的行使并非不受任何限制，其必须是在合法的范围内正当行使，当然不能因此损害到他人的合法权益。本案被告在原有阳台的基础上沿阳台内侧对自己住宅的北阳台予以封闭，并没有因此而向周围进行扩展、延伸，应认为是对其物业所有权的专有部分进行的合理使用，并非私搭乱建，目前也并未因此侵害到他人的公共安全利益或影响到他人对自己物业的正常合理的使用，而且被告在对阳台的封闭中，已注意并考虑到在阳台封闭的式样、色彩等外观方面与园区的整体保持一致性和协调性，未因此影响到房屋的外观和观瞻。而原告作为物业管理企业受聘于全体业主的自治机构——业主委员会，受其委托对大邦花园从事物业管理只是对该园区所有物业的公用部分、公用设施等方面进行管理，主要是为全体业主提供一种服务，通过对所有物业的配套公共设施等方面进行管理和维护，使全体业主的物业能够得到良好的维护。但对于涉及到业主正当、合理、合法地对其拥有的物业在其所有权的范围内实施的行为，原告及业主委员会均不应加以干涉，也无权进行干涉或制止。所以原告要求被告立即拆除阳台的包封，显然是不恰当的。对其要求被告立即拆除阳台的包封，并恢复原状、消除影响的诉讼请求，法院最终不予支持。

[案例 5-7] 业主装修影响他人，物业管理公司应否协调？

业主刘某投诉：隔壁装修施工噪声过大，一天到晚不停地打墙、锯木，噪声很大，请物业管理公司尽快处理。物业管理公司赶忙派人去查看，发现刘某反映的情况属实，于是提醒施工单位注意文明施工，不要影响他人工作。次日，刘某又打电话来，说打墙声音小了，但锯木声音不停，而且还不时传来施工人员的吵闹声，简直令他们无法正常生活与休息。如果再这样下去，他们将拒交以后的管理费，并且将向有关行政主管部门投诉。物业管理公司回话说，已经告知他们了，但装修单位现在要赶工，没办法。装修噪声肯定会有的，新入住的住户都有这样的经历，谁也没有办法！刘某听后很生气，业主装修影响他人，物业管理公司就不能有效协调或制止吗？

[案例分析]

几乎每一个新建的小区都有装修扰民的事情发生，但有些小区的物业管理公司就能够协调好业主之间的关系，这既是物业管理公司的权利，也是他们的责任与义务。因而当类似事情发生时，物业管理公司不能推卸责任，应当在入住前就做好各项准备工作，规定好装修时间，以免业主之间再次发生不必要的矛盾。

业主装修影响他人，物业管理公司理应想方设法予以协调与制止，这是物业管理公司的权利，也是物业管理公司的责任与义务。业主既然把装修管理的权利赋予物业管理公司，物业管理公司就应该去行使这项权利，履行这项义务。否则，就是违反了合同，业主也就可以据此投诉物业管理公司，严重时，业主甚至可以通过业主管理委员会炒掉该物业管理公司。

当然，物业管理公司不是政府行政单位，没有行政的权利，不可能强行禁止施工，但是物业管理部门可以请双方业主、业主管理委员会、居委会、街道办、派出所人员一起来协商解决，这样做一般业主都是可以接受的，效果往往也是很明显的。

另外，为了避免室内装修对邻居的干扰，物业管理公司还可以采取如下主要措施。

（1）装修前发通知给同一楼层及上下楼层住户，让他们做好思想准备和采取一些预防措施。

（2）在用户提交装修申请时，提醒住户选择信誉好、实力强、人员精的装修队，并尽量缩短装修工期。

（3）明确规定装修作业的时间，要求装修垃圾及时清理。

（4）对噪声大的工具、大功率工具、电焊等要限时、限地使用，保障公共道路、用地通畅、整洁不被侵占。

（5）加强对装修单元的监管，及时听取邻居们的意见，对违规施工人员视其情节轻重分别给予口头或书面警告、停止装修、暂扣装修工具、责令赔偿损失等处罚。

物业管理公司应让所有业主和装修公司都有章可循，同时也为解决纠纷提供依据。

[案例5-8] 物业管理公司私自撬门维修房屋，是否承担赔偿责任？

一次，张先生家突然漏水，使楼下王小姐家里的天花板、家具、衣被受到损害。因为水流不止，王小姐便请求管理处前去维修。管理处在联系不到张先生的情况下，私自将张先生家的房门撬开，入内维修。张先生认为，管理处未经同意便擅自将房门撬开，侵犯了自己的权利，因此要求物业管理公司赔偿损失。那么物业管理公司应当赔偿吗？

[案例分析]

本案中，家中漏水时，张先生出差在外，而水流不止，并且已经和正在进一步对楼下王小姐家中财产造成损害，所以当时的情况是非常危险的，如果不及时采取措施，肯定会对楼下住户造成更大的财产损害。管理处为了他人（王小姐及其他住户）的利益免受正在发生的损害，在无法及时与张先生联系的情况下将房门撬开进行维修，完全符合紧急避险的条件。所谓紧急避险，是指为了本人或第三人的人身或财产或者公共利益免遭正在发生的、实际存在的危险而不得已采取的一种加害于他人人身或财产的损害行为。紧急避险行为因其保护的利益大于其所造成的损害，具有正义合理性，所以被我国法律所认可。我国民法通则明确规定正当防卫和紧急避险为抗辩的正当理由，可以以此主张具有正当性和合法性的侵权行为不承担民事责任。

最高人民法院《关于贯彻执行（中华人民共和国民法通则）若干问题的意见（试行）》第156条规定："因紧急避险造成他人损失的，如果险情是由自然原因引起的，行为人采取的措施又无不当，则行为人不承担民事责任。受害人要求补偿的，可以责令受益人适当补偿。"因而本案中，业主长期不在家，而家中却突然漏水，说明漏水不是人为因素引起的，可能是水管等相关设备自然老化或其他自然因素引起的。如果是这种情况，王小姐作为紧急避险的受益人，应当给予张先生适当的补偿。但该紧急避险的行为减少了积水对张先生家的损害，所以该住户实际上也是受益人之一，因此张先生也应当承担一部分损失。

本案管理处作为第三人实施紧急避险行为，如果采取的紧急避险措施没有超过必要的限度，则不应承担赔偿责任。作为物业管理公司而言，工作中必然会由于特殊原因而对业主造成一些损害而不应该承担民事责任，否则谁也干不下去。问题的关键是，如何把免责条款在合同中予以详细规定，并得到广大业主的认可。

[案例5-9] 外墙渗水，家具霉烂谁负责？

某住宅小区业主黄某住在三层楼，发现每逢遇有大雨天就会有水渗入房内，此情况已有两年多了，为此他多次找过物业管理公司，物业管理公司也派人对外墙进行修理，但渗水问题始终未解决。两年多来业主黄某一直受到渗水问题的困扰，屋内墙壁更因长期渗水而剥落发霉，部分家具壁柜也因此而霉烂。业主黄某认为内墙的损坏是由于外墙渗水所致，因此，要求物业管理公司赔偿其家具的损失。那么，物业管理公司是否应当赔偿呢？

[案例分析]

这样的问题较常见，但是处理方法却要具体情况具体分析。就本案例来说，如果确能证明是由外墙渗水而导致内墙霉烂，物业管理公司也有责任为其修补，并赔偿业主家具的损失。倘若黄先生与开发商签订的房地产买卖合同中对此渗水、开裂等质量问题有约定的，则按约定处理。倘若无上述约定，则我国法规对房屋建成后可能出现的问题，有保修期的规定，房屋墙面的保修期一般为五年。在房屋保修期内，发现渗水，可以要求开发商确定的维修部门上门维修。即使住宅的保修期已过，建筑施工单位仍有责任将外墙和受损的内墙修理妥当。

此外，多次维修仍存在渗水问题，则多数因房屋质量瑕疵所致。黄先生可委托房屋质量鉴定部门对房屋质量进行鉴定，如确属房屋质量问题的，如施工质量粗糙，甚至填充墙未填实砌块，或者建筑材料水泥、砂浆、砖块质量低劣等，且该质量问题影响购房人居住的，一切损失应由发展商赔偿，居住人可凭房屋质量鉴定报告依法向人民法院起诉，要求退房。当然，外墙属于公用部位，物业管理公司有责任维修外墙，为住户解决渗水问题。至于有关家庭内墙维修责任问题，如果确能证明是由外墙渗水而导致内墙霉烂，物业管理公司也有责任为其修补，并赔偿业主家具的损失。

[案例5-10] 业主不可擅自在外墙打孔装空调。

业主王某未按小区规划要求的位置，擅自在外墙上开孔安装空调。物业管理公司认为，王某的安装影响了外立面的统一和美观，而且安装厂家施工已不慎将暖气立管打漏。为此，物业管理公司装修巡视员只好暂扣装修工人的工具和证件，予以制止。同时，请水工火速来补已打漏的暖气立管。业主坚持在外墙上开孔安装空调，说自己在自己家的墙上安装空调，谁也管不着，并向有关部门投诉装修巡视员的行为。业主的投诉没有得到有关行政管理部门的支持，经房地产行政管理部门的教育处理，王某认识到自己的违法行为，按照规划重新安装空调，并与物业管理公司的人员握手言好，配合工作。

[案例分析]

房屋建筑共用部分包括楼盖、屋顶、外墙面、承重结构、楼梯间、走廊通道、门厅等，外墙面居于小区房屋建筑的共有部分，其维修、养护和管理属于业主委托物业管理公司管理事项，当业主对外墙面造成毁损和外观上的破坏时，物业管理公司有权予以制止、批评教育，并在其造成损失的情况下责令其赔偿损失。

物业管理公司和业主之间难免有一些矛盾，业主不能不顾小区业主的集体利益和物业管理公司的权利和职能的行使而只顾个人利益行事。双方都应按规定行事，用协商的方式解决争端。本案中装修巡察员果断制止违章装修行为，迅速处理相关损害，要求业主认识、承认并纠正自己错误行为的做法是正确的。

[案例5-11] 物业管理公司有权对违规装修进行罚款吗？

某写字楼物业管理公司告知所有的租户，将对租户的房屋装修活动进行统一监督管理。任何租户装修，必须提前提出申请，由物业管理公司审批，并且还规定，如有违反者，将对其处以3000～5000元不等的罚款。一家租户在装修时，因没有及时清运垃圾，物业管理公司遂要按规定对其罚款500元。租户坚决反对，双方出现了激烈的争执。租户认为，物业管理公司无权对其装修行为指三道四，更无权对其罚款；而物业管理公司认为，它受业主的委托，对写字楼进行物业管理，装修管理是其基本和重要的管理内容，租户违反装修管理规定，物业管理公司当然有权进行罚款。请问，物业管理公司到底有无权利对违反装修管理规定的租户进行罚款？

[案例分析]

租户支付租金，使用开发商的房产，物业管理公司接受业主的委托对该房产进行物业管理，无论从哪一个方面来说，物业管理公司在其授权的范围内，都完全有权要求租户在装修前进行申报，由物业管理公司审批，以防止租户对房屋建筑及设备设施的破坏。这是物业管理公司行使物业管理权和替代业主行使所有权的正当活动，不能看成是一种典型的行政管理手段，或者认为装修房屋是租户的基本权利，用不着什么申请和审批。

虽然物业管理公司要求租户装修前申请的做法没有错误，但其对违反装修管理规定的租户进行罚款却是极端错误和违法的，因而是无效的。从法律角度来讲，罚款就是一种行政处罚行为，只能由国家行政部门依法行使，不存在所谓"行政处罚罚款"与"经济处罚罚款"之分。除行政处罚之外，所有的相似情形都不能再称之为"罚款"。既然罚款是一种行政处罚行为，那么设定和实施罚款行为就必须以《中华人民共和国行政处罚法》（以下简称《行政处罚法》）为法律依据，并由行政机关依照《行政处罚法》规定的程序实施，不能违反法律的规定。《行政处罚法》第十五条规定："行政处罚由具有行政处罚权的行政机关在法定的职权范围内实施"，而物业管理公司只是一个企业法人或非法人组织，不是行政机关，所以无权实施包括罚款在内的任何行政处罚行为。物业管理公司制定的处罚条款，由于违反了《行政处罚法》的规定，所以是无法律效力的。并且由于物业管理公司制定处罚条款时，基本没有考虑到保护租户权益的各种程序与方法，罚款数额完全由自己说了算，随意性很大，所以很容易与租户发生矛盾。

那么，如何预防和解决这类问题的发生呢？

（1）物业管理企业要摆正自己的心态和位置，要有把自己当作提供服务者而不是管理者，要消除自己对职能、权利的错误理解，正确定位自己、理顺关系、提高服务质量。

（2）一些装修人员违反了合理的装修规定和有关协议，物业管理公司可以制止，如果是在装修过程中毁坏了房屋结构或其他设备、设施，物业管理公司则可以要求他们支付违约金或赔偿金，或通过法律途径向当事人进行索赔。即使对业主的违约行为，物业管理公司也只能使用违约金和赔偿金进行管理。当然，违约金或赔偿金以实际损失和违约责任为准。物业管理公司无权实施罚款等行政处罚行为。

(3) 完善双方的合同是解决此类问题的关键。

[案例 5-12] 物业管理公司不及时修缮设施造成损伤应承担责任。

某住宅小区第 25 栋楼的公用水箱出现渗透现象,该栋楼的业主们向物业管理公司反映了情况,要求其及时予以修缮,但物业管理公司一直未采取措施。有一天,住在该栋楼的业主王某回家经过楼前通道时,因地面积水滑溜而不幸摔倒,导致右腿骨折,被送往医院治疗。

王某要求物业管理公司赔偿其医药费、营养费及误工补贴等相关费用未果,把物业管理公司告上法院。

[案例分析]

根据规定,物业管理公司与业主的维修责任划分为:业主作为物业的所有权人,应对其所有的物业承担维修养护责任。因此,房屋的室内部分,即户门以内的部分和设备,包括水、电、气户表以内的管线和自用阳台,由业主负责维修。房屋的共用部门和共用设施设备,包括房屋的外墙面、楼梯间、通道、屋面、上下水管道、公用水箱、加压水泵、电梯、消防设施等房屋主体公用设施,由物业管理公司组织定期养护和维修。

根据《城市新建住宅小区管理办法》第 15 条的规定,物业管理公司对房屋及公用设施、设备修缮不及时的,房地产产权人和使用人有权向住宅小区管理委员会或房地产行政主管部门投诉;住宅小区管理委员会有权制止,并要求其限期改正;房地产行政主管部门可对其予以警告、责令限期改正、赔偿损失,并可处以罚款。因管理、维修、养护不善,造成房地产产权人和使用人损失的,物业管理公司应当赔偿损失。本案中,小区物业管理公司对公用水箱的渗漏,应及时予以维修而未维修致使王某因地面积水滑溜而摔倒住院,应由物业管理公司对王某的损失给予赔偿。

[案例 5-13] 广州维修基金第一案——业主赢了开发商。

根据广州日报 2005 年 2 月 24 日报道,2003 年东山区东悦居的李女士以开发商不给其缴纳物业维修基金为由,首次把开发商广州市东华实业股份有限公司告上法院,被称为"广州维修基金第一案"。记者昨日获悉,在经历诉讼被裁定驳回、上诉后获得支持撤销驳回裁定、开庭审理等一年多的周折之后,东山区法院近日作出判决,要求开发商东华公司按有关规定缴纳物业维修资金。

李女士所居住的小区东悦居的开发商东华公司于 1998 年 10 月 1 日后取得楼宇商品房销售许可证,她于 1999 年 8 月 8 日与开发商签订《商品房预售合同》,花了 70 多万购买了东悦居一套 90 多平方米的房子。当时合同中无约定该单元维修基金由业主支付。后来东悦居小区已成立业主委员会,但还是一直没有依规定建立小区的物业管理维修基金。

根据《广东省物业管理条例》第 32 条的规定,物业管理维修基金由物业建设单位按物业总投资的 2%,在向业主委员会移交物业管理权时,一次性划拨给业主委员会。但东悦居小区业主委员会一直没有收到上述维修基金,该笔维修基金总金额高达 190 万元。被告的行为已损害了原告作为业主的合法权益,请求法院判令被告依法缴纳维修资金。

被告东华公司则认为，维修基金这笔钱应该业主自己来掏。根据建设部1999年1月1日实施的《住宅共同部位共同设施设备维修基金管理办法》规定："商品房在销售时，购房者与售房单位应当签订有关维修基金缴交约定。购房者应当按购房款2%～3%的比例向销售房单位缴交维修基金。"物业维修基金的使用和分摊原则是"谁受益、谁负责"。本案中，东悦居物业的共用单位和共用设施设备是为业主服务的，而被告作为建设单位并不能从中得到任何受益，原告作为共用部位和共用设施设备的直接受益者，理应承担交纳物业维修基金的责任。

东山区法院审理此案后，在今年1月28日作出一审判决。法院认为：原告与被告签订的《商品房预售合同》是双方的真实意思表示，为合法有效合同，原、被告之间的商品房买卖关系依法成立。而本案争议的焦点在于谁是交纳首期专项维修资金的义务主体。根据广州市国土房管局2003年9月5日发出的关于贯彻国家《物业管理条例》有关问题的通知精神，东悦居小区的商品房预售许可证核发于1999年3月24日，原、被告签订合同的时间为1999年12月9日，双方未在《商品房预售合同》约定由谁交纳首期专项维修资金等事实，交纳该专项维修资金的标准可参照上述通知规定的住宅建筑面积40元/m^2计算，被告应按原告购房建筑面积93.10m^2及40元/m^2计，将原告房子的专项维修资金3724元按规定存入中国农业银行广州市北秀支行的专项维修资金专用账户。

[案例分析]

由于1998年施行的《广东省物业管理条例》和后来出台的国务院《物业管理条例》规定不一，许多开发商借此拒交维修资金，因此引发了不少矛盾。为什么国务院《物业管理条例》生效以后，原来的物业维修基金还要开发商来缴纳？广东南方福瑞德律师事务所律师汤哨锋表示，2003年9月1日起施行的《物业管理条例》是国务院的行政法规，1998年10月1日起施行《广东省物业管理条例》是地方性法规，前者是上位法，法律效力比后者要高，当两者出现分歧时，应以国务院的《物业管理条例》为准。但根据法不溯及既往的原则，上位法并没有溯及既往的效力，1998年10月1日到2003年8月31日这一时间段适用法律还应该是生效的《广东省物业管理条例》，这一时间段的物业维修基金由开发商缴纳。

附：

《物业维修基金业主买单》

在广州纠缠了长达两年的"物业维修基金谁来交"的问题，终于有了基本明确的定论：全由业主交。这就推翻了以往地方政策中规定的由发展商交，或以协议为准。其实，这个结果在2003年6月份中国第一部《物业管理条例》出台时就已成定局，现在广州市正在酝酿的办法也只是可供实施的细则操作方案，按国家向各地方贯彻执行的大条例规定，专项维修资金由业主按照国家有关规定交纳，广州的办法只是为了政策的严肃性和延续性，才格外注明除一种特殊情况：预售证1998年10月1日后核发的，购房者与建设单位在2003年8月31日之前签订买卖合同，并且建设单位与购买者未在预售合同里约定由购房者交纳的，专项维修资金由建设单位交纳。其他情况专项维修资金缴交对象均为业主。

2003年9月1日，第一部国家《物业管理条例》正式实施。2003年，已经是全国房屋制度改革的第五个年头，也是广东省、市自行出台物业管理条例后的第5个年头，经过多年的酝酿，全国大条例总算出台。而广州市之所以出现较大规模针对维修基金的纠纷和争论，也是由于相关法规的滞后和模糊造成的。回顾整个历程，维修基金的缴交对象却是从发展商单方面缴交向业主单方面缴交演变。

焦点背景：交费主体前后历经多次演变。

1998年10月1日后核发预售证：由开发商缴交。

1998年7月29日，广东省人大颁布了《广东省物业管理条例》，于同年10月1日起生效。这份条例第三十二条规定：业主委员会应当设立物业管理维修基金，物业管理维修基金由物业建设单位按物业总投资的2%，在向业主委员会移交物业管理权时，一次性划拨给业主委员会，其所有权属全体业主共同所有。物业管理维修基金由县级以上人民政府物业管理行政主管部门设立专款账户代为管理，不得挪作他用。

1999年8月，广州市以市国土局、房地产管理局的名义下发了《关于加强我市物业管理的通知》，对专项维修资金的缴交作了两条规定：第一，商品房预售许可证在1998年10月1日前核发的，购房者按购房款2%缴交维修资金[第一次3000元，以后按1元/(m^2·月)交纳]，由物业公司代收后再存到政府主管部门指定银行。第二，商品房预售许可证在1998年10月1日后核发的，开发商按物业总投资的2%缴交维修资金，并规定在业主入住时资金缴交应达到1%以上，移交管理权时缴足2%。

缺口漩涡："01年办法"留下纠纷隐患。

如果按照以上两份文件，广州市民买了预售许可证，在1998年10月1日后核发的商品房都是不必自己缴交维修基金的。但后来出台的《广州市物业维修基金管理暂行办法》和2001年2月生效的《广州市物业管理办法》在这一内容的规定中却细化成这样的条文："商品房预售许可证在1998年10月1日后核发的，建设单位应按物业总投资的2%缴交物业维修基金。建设单位与购房人对物业维修基金的缴交另有书面协议的除外。"

正是这句"另有书面协议的除外"的四十六条成为了后来执行上的缺口，使这份原本意在让开发商承担更多义务的条文前功尽弃，因为后来许多发展商都没有把物业维修基金打入楼价，而是与购房者书面协议另行计收。当越来越多的发展商选择协议（其实就是要业主来交）而与业主"火并"升级时，这个小小的缺口就像满载着一个蓄水池的重量开始形成漩涡，越卷越大。律师也表示无奈，因为合同约定往往基于《合同法》来处理，而行政规章的效力低于《合同法》。

2002年8月，在物业维修基金问题备受关注的背景下，广州出台了征求意见稿，对物业维修基金的缴交问题作出了一些改动和增加条款。最显著的变化是，将条例的开发商"按物业总投资的2%，一次性划拨给业主委员会"，改为"业主应当逐月按不少于所缴纳物业管理服务费的20%的比例缴纳物业维修基金，在达到一定比例后可暂停收取，当不敷使用时，经业委会同意，由相关业主按议定的比例续缴"。从这里来看，在政府部门的行文中物业维修基金的缴交对象已经开始进行角色转换了。

国家规定：由消费者缴交。

1998年12月，国家建设部、财政部曾颁发了《住宅共用部位共用设施设备维修基金管理办法》，自 1999 年 1 月 1 日起实行。当中第五条就已经规定：商品住房在销售时，购房者与售房单位应当签订有关维修基金缴交约定，购房者应当按购房款 2%～3%的比例向售房单位缴交维修基金。售房单位代为收取的维修基金属全体业主共同所有，不计入住宅销售收入。维修基金收取比例由省、自治区、直辖市人民政府房地产行政主管部门确定。

正是因为有这样一份国家出台的办法，广州市政府部门有关人员称一直以来都应该是由业主交的。但实际上，1999 年以来，广州市都是按省条例的相关规定执行的。

2003 年 9 月，国家首个《物业管理条例》正式实施。当中再次明确了物业维修基金由业主单方面缴交。

焦点结果：业主买单结束争议。

8 月 28 日，在国家第一部《物业管理条例》正式实施之前，广州市有关部门表示，要对物业专项维修基金初期制定的一些标准和操作方法进行修订，酝酿出台新的政策规定。而新政策的两大要点就是：除一种特殊情况外，专项维修基金缴交对象均为购房者；交纳标准按不同用途的单位面积为标准计算。第二天，各大报刊都打出了类似"房屋维修金拟全由业主交"的标题，宣告那个"特殊情况时期"即将结束。

此外，据称省建设厅正在抓紧制订《业主大会议事规则》、《前期物业服务合同》、《前期物业服务协议》、《物业服务合同》、《业主公约》等示范文本。两年内，广东省将依国家《条例》的实施情况再修编地方性法规和有关规定，在过渡实施阶段，与国家《条例》的规定不一致的内容，按《条例》的规定执行。

[案例 5-14] 业主管理委员会能否要求将维修基金划入自己的账号？

两年前，某小区业主分别与某房地产开发公司签订内销商品房买卖合同，同时签订房屋使用、维修、管理公约。该公约载明，由该房地产开发公司指定某物业管理公司进行物业管理。各业主在签约后，分别办理了入住手续，并缴纳了房屋维修基金等费用。但众业主入住后，发现该物业管理公司管理的小区环境脏、乱、差，高层楼房两台电梯中的一台时常因故障而停运，小区保安甚至串通外来人员乱敲竹杠等。该小区业主因此拒缴了一些物业管理费，同时，业主管理委员会遂诉至法院，请求判令解除与开发商签订的房屋使用、维修、管理公约；要求物业管理公司退出小区管理，并将维修基金划入业主管理委员会的账号。请问，业主管理委员会能否要求将维修基金划入自己的账号？

[案例分析]

住宅小区（大厦）维修基金是指住宅小区（大厦）共用部位和共用设施、设备的更新与大、中维修基金。维修基金归全体业主所有，经业主管理委员会批准，委托物业管理公司实际操作使用。在业主管理委员会成立之前，可由政府行政主管部门负责管理。一般不宜由物业管理公司直接掌管这项基金。因为这笔基金是永久性存在的，而物业管理公司只是受业主管理委员会委托在一定时间内管理该物业。为了防止物业管理公司的短期行为，或是因解聘该公司管理服务而影响这项基金的安全，必须由业主管理委员会负责该基金的使用。在需要使用时，由物业管理公司提出使用计划与预算，报业主管理委员会审查批准，在使用过程中，接受业主管理委员会和银行的监督检查。

该案例中，业主管理委员会既然有权要求解除与原物业管理公司的管理合同，那么，它当然可以要求收回由物业管理公司代为管理的维修基金的管理权,如果业主管理委员会有相应的银行账号,自然可以要求物业管理公司将维修基金划入该账号。

[案例 5-15] 维修基金应由谁收取?

我是一个普通的商品房购买者,开发商在收取我的房价款的同时,要求我按购房价款的2%缴纳一笔有关物业管理方面的收费,即维修基金。我不明白:维修基金由开发商管理,还是由物业管理收取?基金最终应归谁使用?

[案例分析]

建设部《住宅共用部分共用设施设备维修基金管理办法》(建住房 [1998] 213号)第五条和第六条规定,商品住房销售时,售房单位代为收取维修基金;公有住房售后维修基金一部分由售房单位按照一定比例从售房款中提取,另一部分由购房者按购房款2%的比例向售房单位缴交。本案例中购房者购买的是商品房,因此,应由开发商收取维修基金。

至于维修基金最终应归谁使用,国家建设部于1998年11月颁布的《住宅共用部位共用设施设备维修基金管理办法》规定,维修基金应该由售房单位代收并存入维修基金专户,在业主办理房屋权属证书时售房单位应当将代收的维修基金移交给当地房地产行政主管部门代管;业主委员会成立后,经业主委员会同意,房地产行政主管部门将维修基金移交给物业管理企业代管;物业管理企业代管的维修基金,应当定期接受业主委员会的检查与监督;业主委员会成立前,维修基金的使用由售房单位或售房单位委托的管理单位提出使用计划,经当地房地产行政主管部门审核后划拨;业主委员会成立后,维修基金的使用由物业管理企业提出年度使用计划,经业主委员会审定后实施;维修基金不敷使用时,经当地房地产行政主管部门或业主委员会研究决定,按业主占有的住宅建筑面积比例向业主续筹;物业管理企业发生变换时,代管的维修基金账目经业主委员会审核无误后,应当办理账户转移手续;账户转移手续应当自双方签字盖章之日起10日内送当地房地产行政主管部门和业主委员会备案;业主转让房屋所有权时,结余维修基金不予退还,随房屋所有权同时过户;因房屋拆迁或者其他原因造成住房灭失的,维修基金代管单位应当将维修基金账面余额按业主个人缴交比例退还给业主。

[案例 5-16] 19万元维修基金该不该用?

某开发商自己成立了物业管理公司对所开发的小区进行管理,业委会成立后,将代收的房屋维修基金移交给业主委员会,移交时物业管理公司扣除了19万元,并称这笔钱用于小区绿化补种、交通车的修理、CATV改造、避雷装置检修等。对于这笔经费支出,业主委员会与物业管理公司有着不同的观点,争论的焦点是:这19万元能否从维修基金中支出?

[案例分析]

我国关于维修基金的性质与支付范围、维修基金的使用时间都有明确的规定。这一案例中涉及的问题在其中都可以找到答案。

(1)维修基金的性质与支付范围。根据建设部、财政部1998年11月颁布、自1999年1月1日起开始施行的《住宅公共部位共用设施设备维修基金管理办法》(建住房

98213号）规定，维修基金是住宅共用部位、共用设施设备维修基金的简称。专项用于住宅共用部位、共用设施设备保修期满后的大修、更新、改造。财政部《物业管理企业财务管理规定》（财基字［1998］7号）同时指出，房屋共用部位维修基金是指专项用于房屋共用部位大修理的资金。房屋的共用部位，是指承重结构部位（包括楼盖、屋顶、梁、柱、内外墙体和基础等）、外墙面、楼梯间、走廊通道、门厅、楼内存车库等。共用设施设备维修基金是指专项用于共用设施和共用设备大修理的资金。共用设施设备是指共用的上下水管道、公用水箱、加压水泵、电梯、公用天线、供电干线、共用照明、暖气干线、消防设施、住宅区的道路、路灯、沟渠、池、井、室外停车场、游泳池、各类球场等。本案例中，绿化补种及交通车的修理显然不属于维修基金开支的范围，而只能从物业管理费中支出。

（2）维修基金的使用时间。有关规定指出，在两年的住宅保修期内，任何单位不得使用维修基金，更不能用房屋维修基金来支付共用部位、共用设施设备的修理。这期间的修理、更新和改造费用应由开发商或施工单位负责。本案例中的CATV及避雷装置虽然属于共用设施设备，但因为在保修期内，因此，物业管理公司把19万维修基金挪作此用显然不正确。

[案例5-17] 物业公司无权挪用维修基金——物业公司挪用维修基金应如何处理？

某小区业主委员会成立后，发现物业维修基金存在许多问题：一是物业公司和发展商身份合一，作为发展商，其应缴物业维修基金未缴；二是作为物业管理公司，其挪用了部分物业维修基金。

经业主委员会委员主任与物业公司交涉，公司明确表示作为开发商，维修基金是应该缴的，但未表态何时缴，缴给谁。对于挪用基金原因是由于业主拒付管理费，物业公司入不敷出，挪用维修基金出于无奈，而且其挪用也是用于小区的管理，用于对业主服务。

业主委员会最后决定开设物业维修专门账户，由物业公司代表的基金划入专户，书面督促发展商10日内缴齐应缴基金；物业公司挪用部分逐步收回。然而物业公司及发展商无视业主委员会的决定，仍拖延不缴维修基金，挪用部分也以种种借口不交给业主委员会。业主委员会于是向法院起诉。

原告诉请：请求人民法院判决被告开发商交维修基金，判决被告物业管理公司返还挪用的维修基金。

被告某小区物业公司辩称，维修基金挪为他用，但最终仍用在为小区居民服务上，并没有被贪污或浪费，羊毛还用在羊身上，而且造成挪用的原因在于一些业主不交管理费使物业公司入不敷出造成的，物业公司实属迫不得已。

被告某小区开发商没有答辩。

法院经审理认为，原告某小区开发公司不缴维修基金。某小区物业管理公司挪用维修基金，违反了《某市居住物业管理条例》第36条的规定，原告的诉讼请求合理，应予支持，故判决被告某小区开发公司于判决生效15日内缴齐所欠维修基金。判决某小区物业管理公司交出维修基金管理，返还挪用基金。

[案例分析]

在前期物业管理期间（即业主委员会成立之前），物业管理公司由发展商选聘，业主通常向物业管理公司办理入住手续，并向其交纳物业维修基金。由于缺乏有力的监督，发展商延迟缴纳其应承担的物业维修基金以及物业管理公司挪用物业维修基金就成为可能，特别是发展商拖延交纳物业维修基金的现象比比皆是。发展商往往采取在业主委员会成立后及时补缴物业维修基金的方法以回避其法律责任，而有些发展商因到时不能足额补缴物业维修基金被业主委员会推上被告席。

本案业主委员会虽然最终作出了实事求是的决定，但其中的是非曲直似乎并未弄清。根据有关规定，发展商和购房者均应在签订房屋买卖合同时缴纳物业维修基金。在前期物业管理维修期间，发展商应将物业维修基金以业主委员会的名义存入金融机构，设立专门账户，任何人不得动用。业主委员会成立之后，发展商应将物业维修基金移交给业主委员会，由业主委员会委托物业管理单位管理，专项用于物业维修，不得挪作他用。但是，由于上述规定仍较原则，因而出现业主委员会面临的种种问题。解决上述问题尚有待有关部门完善相关规定，并加强监督管理力度。

[案例 5-18] 开发商出售小区会所引发轩然大波。

据广州日报 2005 年 3 月 25 日报道，2005 年 3 月 15 日，也就是"消费者权益保护日"，天翔花园的物业管理公司在该花园会所的门口贴出一张通知，声称"会所从 3 月 15 日前开始装修，为确保住户不受干扰，先暂时将长廊通往会所的大门封闭"。正是这一张看似简单的通知在后来引起了轩然大波。经过打听，部分业主听到风声：天翔花园的开发商——广州天翔房地产有限公司已单方将会所转让，以后会所将被改装为酒楼！据业主李先生介绍，当天，就有十几位业主死死把住大门，不让装修队开工。他们认为会所属于小区的公共设施，应该属于全体业主，开发商根本无权转让。由于业主们态度坚决，会所的装修、改造工程最终只能被搁置。3 月 22 日，会所里里外外张贴了多张署名为"天翔花园部分业主"的《申诉信》。《申诉信》称："我们大多数业主买天翔花园就是因为它有会所以及其他完善的配套设施，但现在开发商要把会所卖掉，理由是要用卖会所的钱用来为业主办房产证。全体业主强烈要求天翔房地产有限公司归还我们的会所，归还我们的权利。"另外，部分业主还在积极组织业主大会讨论对策。而开发商也针锋相对，在同一天贴出《致天翔花园（一期业主的一封信）》，声称"天翔花园会所是发展商的自有物业，现已合法进行转让。按有关规划，天翔花园第二期项目开发中，已预留了会所场地"。对于会所的产权归属和属性，业主与开发商各有一套说辞，互不相让。为此，记者决定进行一番调查。天翔花园位于天河北路与天科路交界处，花园靠近天科路的是一栋圆形的两层建筑。记者从一份 1998 年天翔花园售楼的广告中发现，该圆形两层建筑当时被开发商定为花园会所，建筑面积约为 1000m^2，开发商当时承诺"特设健身房、乒乓球室、保龄球室，更拥有电影院"等。据业主们说，6 年来，这栋圆形建筑实际上根本没有起到会所的作用。一开始，它只不过是花园的售楼部而已。花园基本售罄后，它就一直被搁置，二楼成了开发商的办公地点，一楼仅仅放了一张乒乓球台，两套健身器材而已。记者还从一位李姓业主的《商品房预售合同》中发现，合同并没有确定会所的产权归属。围绕圆形建筑产权归属问题，天翔房地产有限公司一位姓刘的负责人对记者说，从法律的角度看，开发商转让上述建筑是没有任何问题的，因为这个被业主称作"会所"的建筑属于开发商的私产。这个圆形建筑并不是会所，它只是原来开发商的售楼部而已。另外，这位负责人还声称，会所的面积并没有对所有业主进行分摊。

[案例分析]

目前我国正在草拟的《物权法》将明确，小区会所属于全体业主所有；而在《物权法》出台和实施以前，会所的产权归属要分两种情况对待：一，如果开发商已经把它的面积分摊到各个业主身上，那毫无疑问，会所的产权属于全体业主；二，如果如开发商所言，现"会所"没有分摊，那么它的产权属于开发商，开发商有权处置。但当初的广告中，"该圆形两层建筑当时被开发商定为花园会所"，就有点广告欺诈的嫌疑了。

[案例 5-19] 楼宇外墙业主自己能擅自挂招牌吗？

某业主购买了位于二楼的一套住房，并在家经营防蚊纱窗生意。由于自己的房子朝向小区外的马路，为了招引更多的消费者来光顾，他在自己家的阳台上安装了一块小型光管招牌，谁知刚装好不久，便收到物业管理公司的警告函件，以影响整个住宅小区外墙观光为理由，要求业主顾某将招牌立即拆去。该业主迷惑不解，在自己家的墙上挂了一块招牌就不许可吗？物业管理公司是否有权做出拆招牌的要求呢？

[案例分析]

通常我们认为，物业管理公司是有权力这样做的。这个问题的根本在于建筑物外墙是建筑物不可分的一个部分，全体业主都对其享有权益，不能由个别业主决定其用途。我们可以从以下方面来考虑本案例中的问题。

（1）建筑物具有物理上的不可分离性。楼宇的外墙看起来是属于某个业主的，实质上，它是整栋楼的全体业主所拥有的，应该属于共用部位，因此，个别业主在外墙上擅自安装广告或招牌是不合适的。一方面，该行为侵犯了全体业主的权益和部分相邻业主的直接利益，另一方面，也可能对建筑物的美观带来一定的影响。正因为这样，不少社区的管理公约都有外墙上禁止擅自安装广告或招牌的明确规定。

（2）可按照规定，申请挂招牌。一般来说，公共部位是物业管理公司的管理范围。因此，个别住户确需要安装招牌时，正确的途径是向物业管理公司提出申请，同时提供有关招牌的资料，如面积大小、安装位置等。管理公司在收到申请后，应到现场察看，并根据有关规定进行研究，同时也应征求有关业主们（上下、左右邻居等）的意见，以确保其不会对其他业主带来不良影响。若此装置招牌建议遭到其他多数业主反对，物业管理公司可能不会批准，则该业主就不能继续坚持安装招牌。若业主未经物业管理公司或其他业主同意而擅自安装，物业管理公司有权以影响住宅小区（大厦）外观为理由，要求其将招牌拆去。

（3）属于共用部位的外墙单独归某个业主使用，这个业主应该为此给其他业主以一定的补偿，即物业管理公司经过业主管理委员会的同意，可以向该业主酌量收取租金，并将租金收益拨入管理费之中。

[案例 5-20] 电梯广告收益应归谁？

一天，一位读者打进某报热线称："前两天乘电梯时突然发现里面竟挂了广告，物业管理公司说都不说一声就弄来挂起。这个电梯是我们业主公摊的，广告收的钱该归哪个呢？"这位读者希望记者帮她弄清楚广告费到底该归谁。

[案例分析]

小区电梯的所有权是全体业主的，通过经营产生的收益也应归业主所有。《物业管理条例》规定，利用物业共用部位、共用设施设备进行经营的，应当在征得相关业主、业主大会、物业管理企业的同意后，按照规定办理有关手续。业主所得收益应当主要用于补充专项维修基金，也可以按照业主大会的决定使用。

[案例 5-21] 物业管理公司能决定地下室的使用吗？

张先生最近买了某高层住宅楼的一套住宅，和其他大多数已入住业主一样，张先生不久就发现了一个问题，即管理该楼的物业管理公司，把该楼原设计作为存放车辆的地下室改作旅社。因为不是高档的旅馆，来住的人也就很杂乱，这样，楼内不仅脏、乱，安全也很成问题，有很多人家被撬，楼内居民怨声载道。不少业主询问，物业管理公司有权决定地下室如何使用吗？

[案例分析]

与此案例类似的问题——公共的地下室、停车场、顶楼的权益问题，还是比较常见的。这些问题的关键在于这些公共部分的所有权到底属于哪一方，根据所有权的归属不同，有不同的解决方式。我们来分两种情况分析本案例。

第一种情况，开发商把大楼的地下室作为公共部位出售给全体业主，也就是说，地下室的建造成本等已分摊到各个买房人的房价之中。这种情况下，地下室的所有权应该属于整幢楼房全体产权人共有，也就是说楼房的产权人对地下室拥有共有产权。正是基于各个产权人的共有权，对地下室的经营及其经营收入，各产权人也就具有相应的决定权和支配权。当然，这种决定权与支配、决策权，一般是通过业主（代表）大会，或通过业主管理委员会实现的。也就是说，对于地下室如何使用，收益如何分配或使用，业主（代表）大会，或业主管理委员会有绝对的决定权与支配、决策权。所以，从这个角度出发，物业管理公司是不能擅自做主、决定地下室的使用的。特别是把地下室改为旅社这种扰民，同时又违反规划的项目，必须要得到业主（代表）大会或业主管理委员会的批准。

另外，政府主管部门有要求的，还要征求政府的批准或按照政府的规定来执行。例如，2002年北京市工商行政管理局规定，从事餐饮、歌舞娱乐、提供互联网上网服务场所和洗浴等四类经营活动的公司，不能以居民住宅楼、商住两用楼（含居民住宅楼和商住两用楼的底商楼层）房屋作为企业（或个体工商户）住所（经营场所）。申请以居民住宅楼房屋作为企业（或个体工商户）住所（经营场所）从事上述四类经营活动以外其他经营活动的，须提交申请住所所在地居（家）委会、业主委员会或能够代表该地区居民行使权力的其他居民自治组织出具的同意函，否则不予受理。

第二种情况，开发商不把大楼的地下室作为公共部位出售给全体业主，也就是说，地下室的建造成本等不分摊到各个买房人的房价之中。这种情况下，地下室的所有权应该属于开发商独有。作为产权人，开发商对地下室所拥有的权利比共有时单个业主要大得多。但是，考虑到地下室的使用会影响其他业主的利益，因此，开发商或者其他第三人使用地下室进行经营活动时，应符合小区物业管理的有关《公约》和规定，不能给小区居住环境和功能造成不利的影响；也不能对其他产权人的权利造成损害。作为物业管理公司，可以接受开发商的委托，在遵循上述原则的情况下，按照与开发商签订的委托经营管理合同来进行经营决策。

本案例中，物业管理公司把地下室改成旅社，给居民的安全、卫生的生活环境带来重大影响，因此，理应迅速予以改正。否则，业主们可以通过法律手段要求解决。

[案例5-22] 物业管理用房业主共有物业公司无权出售。

某市一小区业主委员会选聘了一家新的物业管理公司接替前期物业管理公司。根据有关规定，前期物业管理公司撤走前应该向小区业委会移交档案资料、账册。但在移交过程中，前期物业管理公司不仅拖延移交有关资料，而且声称他们是物业管理用房（业委会办公室）的产权人，已经把房子卖给别人了。请问，如何判断前期物业公司上述做法是否合法？小区业委会可以采取什么措施保护全体业主的合法权益？

[案例分析]

这个问题具有一定代表性。根据《物业管理条例》的规定，物业管理公司在解除和终止物业管理服务合同时，应当向小区业委会移交全部的物业档案资料、财务账册及物业管理用房。预收的物业管理服务费应按实结算，多收的费用应予以退还。在移交过程中，如果前期物业管理公司有故意阻挠、拖延的情况，小区业主委员会可以代表全体业主聘请律师向前期物业管理公司发出律师函，要求他们及时移交。如果其仍置之不理，小区业委会还有权向法院起诉，要求前期物业管理公司移交相关资料及物业用房等。如果前期物业管理公司的行为给小区业主造成了损失，业委会还有权要求其承担赔偿责任。至于物业用房被出售的问题，根据有关规定，建设单位应在物业管理区域内配置物业管理办公用房和业主委员会用房（合称物业管理用房）。在前期物业管理期间，物业管理用房提供给物业管理企业使用；业主大会成立后，无偿提供给业主大会；物业管理用房产权属于全体业主所有。由此可见，前期物业管理公司擅自将物业管理用房出售给他人的行为是不合法的。小区业委会先要查清物业管理用房的产权归属，如物业管理用房的确归前期物业管理公司所有，那么其有权出售房屋；如物业管理用房不属于前期物业管理公司所有，则其出售房屋的行为构成了法律上的无权处分行为，是无效的。

[案例5-23] 开发商和物业管理公司无权出租小区楼宇顶部。

某住宅小区位于某市开发区的主干道上，开发商在楼房尚未全部卖出之际就在高层楼宇的顶部搭建了广告牌。这醒目的招牌立刻引起了该楼上的业主的注意，后查清该广告牌是开发商与该小区的物业管理公司协商一致而做，目的是把广告位租给别的商家做广告而取得一笔可观的广告牌使用费。小区业主委员会认为开发商和物业管理公司的行为侵犯了业主的权益起诉到法院，请求法院支持其要求开发商和物业管理公司停止侵权和赔偿损失的请求。

两被告辩称：该开发区的楼房尚未全部卖出，开发商对没卖出的楼房还拥有所有权，除业主拥有的房产产权以外，所有的房产产权还属于开发商所有，并且某物业管理公司作为业主房产的管理者，有权代表业主处理其公共部位，所以，只要两被告协商一致，就可以把广告位租给别的商家做广告。故请求人民法院裁判驳回原告诉讼请求。

一审法院经审理查明，被告某房地产开发公司出售广告位的楼宇已售出房屋3/5，其对另外2/5拥有房产产权，而被告物业管理公司无权处分业主楼宇部位的共有部位，却同开发商协商一致出租了楼宇顶部的广告位。又查明出租广告位的收益某房地产开发公司得2/5，由物业管理公司分得3/5。故认为被告某物业管理公司侵犯了业主对楼顶的使有权，而被告某房地产开发公司未经其他业主同意就无处分权部分一同出租，构成了对其他业主的侵权。后经法院调解，业主同意，把属于业主所共有的部分出租，该收益以后归业主所有，且某物业管理公司把侵权所得的收益返还给业主。

[案例分析]

根据规定，一座楼宇的顶板是楼宇的公共建筑部分，由大厦的各个产权人共有。在楼顶上搭建广告牌，或在一些建筑的外墙墙体上涂刷广告语，这样的行为，都是对楼顶、毗连墙体等公共建筑的使用。而允许他人使用这样的公共建筑并得到报酬，实际上是公共建筑产生的收益。依据民法学理论，所有权有四项权能，即占有、使用、收益、处分。这四项权能只能由所有权人行使或由所有权人授权他人行使。如果非所有权人未得到所有权人的事先许可或事后追认而擅自行使占有、使用、收益、处分等权能，就构成了对所有权人所有权的侵害。相应的，在共有的情形下，应由共有人共同行使上述四项权能，部分共有人在未得到其他共有人的同意或追认、非共有人在未得到共有人的同意或追认的情况下擅自行使上述四项权能的，就构成了对共有人共有权的侵害。

通常开发商尚未将所有的楼房卖出，则小区居民与这栋大厦的开发商、其他购房客户均为这栋楼宇公共建筑部分的按份共有人，对楼顶等公共建筑享有共有权，行使占有、使用、收益、处分等权能。虽然各方由于所占的共有权份额不同，权利大小不同，但作为按份共有人，彼此间是平等的民事主体。各方的共有权均应得到尊重与维护。开发商想在楼顶上搭建广告牌获得收益，不是不可以，但应该向其他共有人通报情况，征得所有共有人的同意。如果此事难以协商一致，应当按照各自拥有的共有权份额进行表决，一般按照拥有共有权份额一半以上的共有人的意见办理，但不得损害其他共有人的权益。广告牌的使用费属于共有物产生的收益，应当属于全体共有人所有，或是分配给全体共有人，或是用于为共有人服务的公益事业，任何共有人也不能单独占有，非共有人更不能占有。

本案中，开发商如果没有就广告牌一事与其他共有人商议，取得的使用费自己占有，这是不对的。而小区的物业管理公司不是共有人，却也获得使用费收入，更是没有法律依据，已经侵害了其他人的合法权益。一案纠纷解决办法有两种：一是停止侵权，恢复原状，赔偿损失；二是征得业主的同意，把属于业主的那部分收益返还给业主。

[案例 5-24] 小区内停车应按月缴费。

在某高档住宅小区内设有一座 200 个车位的停车场。吴先生在该小区买下一套三居室商品房，入住后他把车停放进了停车场。小区物业管理公司要求其每月交纳 180 元的停车费。就此问题与吴先生发生了纠纷，吴先生认为，开发商在售楼广告中明确宣称有提供停车的配套服务，而且停车场是小区的共用部分，其权属应归全体业主所有，既然是业主自己的理应不该向业主收费。因此吴先生拒绝交纳每月 180 元的停车费，在保安干涉其车辆进入停车位时，吴先生强行进入，撞倒保安，造成保安小腿骨折，物业管理公司向法院起诉，请求人民法院判决被告交纳停车费及赔偿保安医药费。被告辩称：开发商在售楼广告中明确宣称提供停车，且停车场地是小区的共用部分，所有权属于业主自己，物业管理公司无权收费。法院经过审理认为，被告辩述理由不能成立，根据国家和地方有关规定，被告应按月交纳机动车辆存车费。因此判决被告向原告交纳停车费。

[案例分析]

对于住宅小区停车场所有权的性质，目前我国法律尚无十分明确的规定。根据建筑物区分所有权的一般原理，一栋建筑物的不同部分或不同单元，可以分别由不同的所有人所有，各所有人就其专有部分享有单独所有权，就建筑物及附属物的共同部分可按专用部分的比例享有共有权。按照这一理论，停车场作为住宅小区配套的附属物应该属于全体业主共有，所以全体业主对停车场具有共同的使用权是没有问题的。不过，业主在享有共同使用权的同时，也必须承担相应的使用义务，这种义务即包括：分担停车场的管理、维护、修缮费用。实践中，居住小区《业主公约》应当就停车场的使用与交费规则作出规定，业主使用停车场应当遵守这种规定。目前居住小区停车场收费一般都由物业管理公司收取，该项收费主要用于弥补物业管理费的不足。此项收费最终体现在物业管理公司对停车场的日常管理、维护等支出上，是为保持物业的正常使用功能的必要支出，所以使用停车场的业主应当付费。另外，从公平原则的角度来看，一个住宅小区的业主未必都有车辆，如果具有车辆的人和不具有车辆的人承担相同的停车场管理、维护、修缮费用，对不具有车辆的人来说是不公平的。按照谁受益谁付费的原则，具有车辆的业主也应该承担付费的义务。外来车辆交纳停车费是没有问题的，但物业管理公司收取的外来车辆停车费未必能够弥补停车场管理、维护、修缮的费用。所以，具有车辆的业主仍然要交纳停车费。

[案例 5-25] 业主停在公共区域的车辆丢失，物业管理公司应否赔偿？

原告胡某购买了某小区一套住宅，并与被告物业管理公司签订了《小区物业管理协议》，缴纳了全部物业管理费。有一天，王某放置于小区内的一辆摩托车失窃。原告认为被告未尽到保管方的责任，应当承担赔偿责任。在向被告交涉未果的情况下，原告向物业所在地的区法院提起民事诉讼，要求被告赔偿原告相应的财产损失。经调查，原、被告双方签订《小区物业管理协议》后，原告未向被告缴纳车辆保管费，亦未将其使用的摩托车停放于存车处内，而是停于小区的公共区域。那么，物业管理公司是否应当承担赔偿责任呢？

[案例分析]

很显然,这是一个典型的涉及车辆保管合同的纠纷。物业管理公司是否应当赔偿车主的损失,关键要看物业管理公司是否和车主形成了车辆保管关系。

那么,物业管理公司是否和车主形成了车辆保管关系呢?或者说,物业管理公司与车主之间是否有事实上的车辆保管合同?所谓保管合同,是指双方当事人约定一方当事人保管另一方当事人交付的物品,并返还该物的合同。其中保管物品的一方为保管人,其所保管的物品为保管物,交付物品保管的一方为寄托人。一般来讲,保管合同是实践合同,即寄托人只有将保管物交付予保管人,保管合同才成立。即使寄托人与保管人之间事先有口头或者书面的保管约定,只要保管物未交付予保管人,保管合同就未成立。当然,寄托人与保管人可以就保管合同的成立要件进行特殊约定。

根据保管合同的定义,只有原告到被告物业管理公司办理相关寄存手续,领取停车牌,并将需要寄存的车辆放置在被告指定的寄存地点后,保管合同才能成立。而本案例中"原告未向被告缴纳车辆保管费,亦未将其使用的摩托车停放于存车处内,而是停于小区的公共区域"的事实,说明了原告并没有将需要保管的财产交付给被告。因此,原、被告之间并未形成车辆保管合同关系,因此,被告无须承担原告车辆丢失的法律责任。

需要特别提出的是,在寄托人与保管人没有特殊约定的情况下,保管合同的成立是以交付保管物为要件的。也就是说,只要原告确实按照被告的要求到物业管理公司办理相关的寄存手续,并将需要寄存的摩托车放置在指定的停车地点以便物业保管员保管,车辆保管合同就已经成立,而不论车主是否交纳车辆保管费。

有不少人认为,只要交纳了物业管理费,则在小区内发生的一切问题,比如人身安全、财产损失等,就都归物业管理公司负责,这显然是错误的。不同的物业管理费用有不同的服务范围,就保安费来说,前面已经提到;物业管理公司收取该费用仅用于维持小区公共秩序和日常巡视,并非是对小区内特定的人、财、物予以管理,也不承担因盗抢等犯罪行为致人伤亡或财物丢失、毁损的赔偿责任。

随着我国先进物业管理模式的迅速开展,业主与物业管理公司间的管理纠纷也将日渐增多。在预防和处理该类纠纷过程中,作为物业管理公司与业主应该注意什么呢?

1. 就业主来说,首先应该了解物业管理协议中物业管理的具体内容,并应当严格履行合同。

业主在与物业管理公司签订物业管理协议时,首先应了解物业管理的具体内容。一般来讲,物业管理的内容仅仅是指物业管理公司对各种用途的房屋、构筑物及其设备、公用设施、公共场地的养护、修缮和管理以及对小区内环境卫生、公共秩序、安全保卫的管理。一些物业管理公司出于对自身规模和管理能力的考虑,在对具体物业管理内容的制定方面会出现特别规定。因此,业主在与物业管理公司签订《物业管理协议》时,应当认真了解物业管理的具体内容,熟悉业主所享有的权利和应承担的义务。

其次,业主还应当严格履行物业管理协议。在与物业管理公司签订《物业管理协议》后,业主应当严格履行《物业管理协议》。业主希望物业管理公司提供什么服务项目,就应当签订相应的合同,缴纳相应的物业管理费用。比如,需要物业管理公司提供车辆管理的服务,就应当签订车辆保管合同,交纳车辆管理的费用;需要物业管理公司提供室内安全服务，就应当签订室内安全合同，交纳室内保安的费用。否则，很难保证自己的权益不受损害。

2. 就物业管理公司来说，如想免除部分赔偿责任就必须在书面合同中明示。

由于小区车辆管理（特别是常住户的车辆管理）情况比较复杂，如车主的车辆是何时停进小区泊位的？甚至是否真的停进小区？停在小区泊位上的车辆以前是否有损伤？车辆中有哪些物品？是否有贵重物品？这些问题小区物业管理公司很难每天、每次都搞清楚，一旦出现纠纷，双方均无法举证。何况，目前在法规中仅规定了物业管理公司对小区停放车辆的看护职责，但是因物业管理公司失职而造成的损失如何赔偿，无明文规定。因此，在明确物业管理公司对停放在小区内的固定停车泊位上的车辆应尽保管义务的前提下，如果物业管理公司想有条件地免除其部分赔偿责任，应以明示的方式告知相对人。比如物业管理公司与小区业主或居民签订专门的《车辆保管合同》，或者在双方签订的《物业管理合同》中专设车辆保管条款，以便明确双方的权利义务和不同条件下应尽的责任。

[案例 5-26] 已买了私家车位还交纳管理费吗？

某业主在购房时买了一个私家车位，等入住后就把车停在了私家车位里。一日，物业管理公司的一名收费管理员找到该业主，要求他支付私家车位的管理费。该业主非常奇怪，车位是自己的，物业管理公司的人有什么理由过来收费？

[案例分析]

本案例中的问题不应该一概而论，而要具体问题，具体分析。

（1）如果私家车位接受物业管理公司的管理与维护，那么，车主就应该向物业管理公司交纳管理费。车位买了，并不意味着永远可以不再交钱。车位是私家的了，可车位和房子、汽车一样，也需要保洁、保安、维护和管理，以创造安全和良好的存放环境。车位的维护和管理成本一般由车场相关设施设备（如收费系统、监控系统、消防系统、照明系统、交通标志系统）的运行维护费用、设备及照明电费、保洁费用及相关人工成本等构成，有些停车场还会发生采暖费的成本。车主买下的只是车位的所有权，而并不是买下了车位几十年的管理与服务。卖车位的是开发商，卖管理服务的是物业管理公司。所以，一般小区对私家车位每月也要收取一定的管理费。

（2）如果私家车位不接受物业管理公司的管理与维护，而是自行管理与维护，那么，车主就不应该向物业管理公司交纳管理费。此时，虽然没有向物业管理公司交纳费用，但不等于车主就没有花费，可能车主需要花更多的时间、精力以及财力来对车位进行管理与维护。

现在，人们已对买车、养车的关系有了一致认识，并已开始接受买房要交物业管理费的做法，但花钱买服务的意识仍不够深入人心，对私家车位还要交管理费或还要有所支出的不解就是一种表现。

[案例 5-27] 保险公司向物业管理公司追偿纠纷案

一天清晨，某车主找到某物业管理大厦停车场，称其前晚停放在大厦消防通道的机动车辆出入口处一辆红色跑车不见了。停车场的值班人员查阅了车辆登记本，没有发现该车前一天在停车场停放的任何记录，于是就让车主自行去公安机关报案。10个月以后，物业管理公司接到人民法院的传票以及保险公司起诉书副本，称车主在车辆丢失前已经购买了一年的停车场停放管理费，车主与停车场构成保管合同关系，保险公司已向车主理赔，保险公司已经获得了代位求偿权。要求物业管理公司承担车辆丢失的赔偿责任。

[案例分析]

本案的关键问题是车主与物业管理公司之间是否存在保管合同。根据《合同法》第三百六十七条规定：保管合同自保管物交付时成立，但当事人另有约定的除外。由此可见，保管合同为实践合同，它以标的物的交付与接受为合同成立条件。如何判断标的物是否交付？《合同法》第三百六十八条规定：寄存人向保管人交付保管物的，保管人应当给付保管凭证，但另有交易习惯的除外。这条规定指出保管凭证是保管合同成立的重要标志。

本案中保险公司主张车主与物业管理公司之间存在保管合同关系，其负有举证保管合同成立的责任。在举证时，保险公司无法提供车辆曾交付停车场的有效凭证，即不能认定保管合同成立。所以物业管理公司不负赔偿责任。另外，本案的举证责任在保险公司，物业管理公司无须举证。也不能强行要求物业管理公司举证。

[案例 5-28] 业主家中被盗物业管理公司是否负责？

业主季某出差期间家中被盗，丢失现金、手提电脑、戒指等物品价值人民币5万余元。经公安部门调查，发现盗贼是将防盗门敲开进入室内的。但小区保安直至他报案后才知道一层住户防盗门破损。这说明物业管理公司尽管收保安费，但根本未尽到职责。季某遂向法院起诉小区的物业管理公司，认为他已按合同向被告交纳了物业管理费，且防盗门是由他出资由物业管理公司统一负责安装的。而物业管理公司在收取管理费后，在日常管理中未尽职责，致使盗贼入室盗窃，给其造成经济损失，故起诉要求物业管理公司承担赔偿责任，赔偿其经济损失5万元。那么，业主家中被盗，物业管理公司是否应当负责呢？

[案例分析]

可以说，本案例问题的关键在于：住户交纳管理费后，小区物业管理公司是否应对住户室内财产的丢失承担赔偿责任。我们认为，如果合同没有专门提出室内财产由物业管理公司负责的话，物业管理公司就是没有责任的。

一般的业主都认为，只要自己交了管理费，物业管理公司就应当对自己的人身与财产安全负全部责任。实际上，这是一个错误的看法。通常物业管理费包含保安费，但保安费并非财产保险，也非人身保险。也就是说，保安服务的内容不包含对住户室内财产的安全保卫工作。只要保安部门的服务标准达到了规定的要求，物业管理公司就没有任何法律责任，就不应对业主居室的失窃承担赔偿责任。除非业主在与物业管理公司签订的合同中，明确提出物业管理公司对小区或大厦业主或住户的人身与财产安全负责。当然，这一条很难在合同中规定，物业管理公司难以做到，也不会随便答应。退一步讲，假设合同中确实有这一条的话，那么物业管理公司收取的保安管理服务费就不是普通小区的收费标准了。而且，该保安事实上也就成了保镖了。

相关判例

[判例1] 12户业主自封阳台引发物业纠纷。

北京大成物业管理有限公司因业主自封阳台而将丁先生等12户业主告上了法庭。2003年9月19日,北京市第二中级人民法院对这一物业管理纠纷案作出终审判决,维持了一审丰台法院的判决,依法驳回了大成物业管理公司的诉讼请求。

2001年左右,丁先生等12户业主分别与北京大成房地产开发集团有限公司签约购买预售商品房。在合同及其附件中约定"该商品房阳台确认以施工图所确定的阳台做法为准""封闭阳台:白色塑钢窗"。房地产开发集团有限公司未向业主出示施工图纸,且沙盘展示房屋南、北侧阳台均为封闭式。

2002年5月9日,业主与大成物业管理有限公司签订物业管理委托合同。随后,12户业主先后办理了入住手续,并同物业管理有限公司签订了物业管理服务合同。因南侧部分阳台未封闭,业主们与房地产开发公司、物业管理有限公司多次进行交涉。大成房地产开发公司分别退还业主房款7052.6元,但未同意业主自行出资封闭阳台的请求。此后,12位业主采用相同规格的白色塑钢窗封闭了自家房屋南侧阳台。双方由此引发诉争。

2003年1月,大成物业管理有限公司起诉至法院,请求判令12户业主拆除塑钢窗将阳台恢复原状。一审法院经审理于2003年4月判决驳回了大成物业公司的诉讼请求。物业公司遂上诉至二中院,并称自己与业主签订的《商品房买卖合同》规定阳台封闭与否以施工图为准,而施工图明确了阳台为不封闭;业主封闭阳台改变了建筑物外立面,应向有关部门完备报批手续,且未考虑阳台承重、防水、抗风压能力等技术问题,造成安全隐患;请求二审法院撤销原判。

二中院经审理认为,由于大成房地产开发公司于签约之时没有出示施工图,购房人根据合同无从判定阳台是否封闭,而沙盘展示效果显示该楼阳台均为封闭式,且合同明确装修标准"封闭阳台:白色塑钢窗",故购房人有理由相信交付商品房的南侧阳台亦为封闭式,并基于此同房地产开发公司签订了购房合同。大成房地产开发公司交付的楼南侧阳台均未封闭,业主张采取补救措施统一封闭阳台解决防盗、防尘等问题,对保持小区风貌的统一有序和房屋的正常使用无明显妨碍。大成物业管理公司应积极协助业主完备封闭阳台的报批手续。因此,一审法院综合案件实际情况,没有支持大成物业管理有限公司诉讼请求,并无不当。

[判例2] 破墙立门图方便,法院判决复原形。

连小姐把自家的墙敲了改成大门,却惹来了一场官司。最令她无法接受的是,将她推上被告席的竟是提供"保姆式"服务的物业公司。近日,福建省南平市中级法院裁定驳回连小姐上诉,维持原判。

2002年9月,被告连小姐购买了位于南平市玉屏山武夷花园房屋一套。同年12月30日,原告南平某物业公司与被告分别签定了《物业管理合同》、《住宅装修协议》、《业主公约》等三份协议,协议约定,被告不得改变或损坏原房屋的结构、用途和外貌以及墙、柱、梁、楼板、管井等主体结构。被告于2003年1月对该套房屋进行装修时，为贪图进出房屋方便，将房屋北侧客厅窗户及下面的外墙打通后，更改为出入该套房屋的大门并使用至今。原告得知后，要求被告将改动的大门恢复原有形状，遂引发了纠纷。另查明，武夷花园开发商曾于2002年6月18日与原告物业公司订立一份《物业管理委托合同》，约定将武夷花园住宅小区委托原告实行管理，管理期限为五年。

法庭上，连小姐委屈地说：我方在申请装修时已经原告方的同意，我敲自家的墙都不行吗？何况原告只是一家物业公司，提供服务才是它的本职，它有什么权力起诉我呢？

延平区法院经审理，判令连小姐恢复所住房屋的住宅使用功能及外墙的原有形状。

[判例3] 一娱乐公司野蛮装修被判恢复原状。

为开设卡拉OK和KTV包房，一娱乐公司对承租的一至三层的房屋进行了"野蛮"装修，让居住在楼上的居民郑先生忧心忡忡，不得不告上法庭。近日，上海闵行区人民法院判定娱乐公司将承租房屋恢复至装修原有结构状况，出租公司附连带责任。

1999年9月，该娱乐公司向一公司承租了某居民小区63号一至三楼12套配套房850m^{2}的房屋。娱乐公司对承租房屋进行装修过程中，严重违反上海市有关行政管理规定，随意拆除部分承重墙体或在墙体上开设洞口，严重影响了房屋整体结构安全的抗震能力，已构成重大隐患。之前，该楼上的其他业主已诉至法院，法院已作出恢复至装修前的原有结构状况的判决。然而，娱乐公司不自觉履行。家住四楼的郑先生不能容忍"危房"仍在继续，于去年8月，以同一事实起诉至闵行区法院，要求判令娱乐公司对被拆除的承重墙恢复至装修前的房屋原状。出租公司在辩称中认为，娱乐公司至今未做到恢复原状，针对同一事实，法院已作出生效判决，且案件在执行中，郑先生起诉不合时宜，要求驳回。娱乐公司经法院合法传唤，拒不到庭。

法院认为，娱乐公司在装修过程中所实施的行为已对整幢楼的业主造成了侵害，楼房的业主均有权单独提起诉讼。娱乐公司在装修过程中，违反法律禁止性规定，所构成的重大隐患已得到《上海市房屋质量检测站的检测报告》确认，娱乐公司理应依法承担相应的法律责任，恢复房屋原有结构状况。出租公司有义务依法监督承租人合理使用承租的物业，及时制止各种违章行为，保障相邻业主的人身及财产安全，故应承担连带责任。

[判例4] 23名业主因在楼顶平台搭建房屋被判限期拆除。

因私自在楼顶平台搭建房屋，妨碍避雷系统正常使用和必须检测，北京23名业主被其所在小区物业公司告上法庭。2001年1月23日，朝阳法院一审判决23名业主自行拆除涉案房屋，并由物业分别给付各业主拆除费2000元。

2000年4月，23名被告各自购买了北京市某小区楼房一套，该房屋位于楼的顶层，是一套跃层式结构住房，通过室内阶梯可进入楼顶的平台，在平台上安装有全楼的避雷网线、供暖管道，楼顶平台根据每户房屋的不同结构被1.2m高的隔断墙分割为不同面积的相对独立的空间，该部分在买房时由开发商免费送给被告使用，未计入售房面积。被告进住后对房屋进行了装修，并在与其房屋衔接的楼顶平台上抵邻避雷网线搭建了轻体房，将该部分平台改造成由其一家独立自用的封闭式结构的建筑。原告认为，23名被告的建房行为使楼板承载力降低，破坏了房屋避雷系统及屋面排水、防水系统，也妨碍了原告对该楼供暖管道、外墙面等的日常维修、维护工作，侵害了其他业主的公共权益。故诉至法院要求23名被告将平台上私自搭建的房屋拆除，承担本案诉讼费。

法院审理后查明，2001年6月26日，被告入住时与原告签订了《物业管理服务协议》，约定：原告享有制止违反本住宅区《公众管理规定》、《住宅使用说明书》等行为的权利；被告负有遵守本住宅区的《公众管理规定》，按照安全、公平、合理的原则，正确处理给排水、通风、采光、维修等方面的毗邻关系。因搬迁、装饰装修等原因确需合理使用的共用部位、共用设施设备，应事先通知原告，造成损失的应给予赔偿等义务。庭审中，被告就向原告书面申请封闭平台之事提供了装饰装修申请表，但该申请表中虽标注封平台，却与其前面的装修内容文字书写用笔明显不同，被告未出合理解释。由于被告在平台上搭建房屋，有关部门在每年一次的避雷检测中发现，该楼部分避雷安全装置系统性能受损，要求在整改期限内保证完善该楼避雷系统的正常使用，以达到国家有关技术标准要求。

法院认为，楼顶平台属整楼的公共面积部分。由于平台被矮墙分割成相对独立的空间，并与被告的房屋相连，客观上形成了被告单独使用的状态，且开发商在与被告签订购房合同时，明确表示赠送平台给被告使用，因此被告对与其房屋相毗连的楼顶平台有使用权。但是，被告在使用时应当以妥善使用、不损害公共利益为前提。本案中，被告改变了楼顶平台的设计格局，搭建了轻体房屋，妨碍了楼顶避雷系统的正常使用和必须的检测，违反了物业管理服务协议中的相关约定，属侵害公共利益的不当行为。该楼顶平台的设计格局系经有关部门审批建造，被告在购房时对此格局设计应已明确知晓，且在收房时亦未提出异议，因此，被告以平台隔断墙太低影响居住的秘密和安全，必须搭建轻体房的抗辩主张，不能成为其改变原有建筑格局的合法理由。且被告称其向原告提交的装修申请表中注有封平台一项，但相关文字书写用笔前后不一，被告又未作出合理解释，故法院不予采信。但原告要求被告拆除涉案自建房屋理由正当，法院予以支持。但考虑到被告在搭建房屋过程中，原告未能及时有效加以制止，且被告确实存在一定损失，故原告应向被告支付一定的拆除费用。

[判例5] 未经业主同意物业公司使用共用部分构成侵权。

哈尔滨一物业公司未经业主同意擅自将物业的共用部分委托他人使用，在交涉未果的情况下，业主诉至法院。哈尔滨市中级法院认为，物业公司的行为侵害了业主的权利。

2003年5月，家住哈尔滨市某小区的离休干部李志早晨外出锻炼时，发现一楼地下室前多了一大堆煤。李志感到奇怪，就和另几个业主找到小区的物业公司。

原来，一个多月前，位于该楼地下室的哈尔滨市某休闲俱乐部为扩展业务，想把原来放在俱乐部内的燃煤炉放到共用的地下室。物业公司在未征得住宅业主同意的情况下，与这家俱乐部签订了《委托书》，约定物业公司委托俱乐部管理住宅楼设备间的给排水、供暖、供电设备，负责设备日常维修保养，确保设备正常使用，解决设备的突发事故；物业公司同意俱乐部使用设备间内的闲置空间及在设备间外属于俱乐部的通道等处增添必要的设备。

俱乐部于2003年5月将改建后的燃煤炉建在地下室设备间内，并对设备间出口及楼梯进行了维修，将地下室的出口设在住宅楼的一角。如此一来，不但共有地下室被俱乐部占据，住宅的本来面貌被破坏，而且堆放在院内的煤堆也给周围的环境和卫生造成了影响。

业主们立即向物业公司提出抗议，要求他们取消委托协议，还住宅小区本来面貌。但物业公司拒不接受业主的要求，不肯取消协议。业主们一怒之下，将物业公司和休闲俱乐部告上了法院。

一审法院认为，物业公司和休闲俱乐部的行为不构成对业主权益的侵犯，亦未构成妨碍，驳回了业主排除妨碍的请求。

业主们又上诉至哈尔滨市中级法院。哈尔滨市中级法院认为，物业公司受该住宅楼内业主委托对该楼的物业进行管理，与业主是委托与被委托的关系，作为委托方的业主对物业共用部位、共用设施设备和相关场地使用情况享有知情权和监督权，在未征得委托人同意的情况下，擅自对委托人委托其管理的设备进行转委托，就是侵害了所有业主的权利。

哈尔滨市中级法院作出判决，撤销原审法院的判决，物业公司和俱乐部将安装在住宅楼设备间内的锅炉及其附属设施烟筒予以拆除，将住宅楼通往设备间的出口恢复原状。

[判例 6] 物业有权行使墙体租赁权吗？

时下，就连高楼大厦的墙面、屋顶也都被穿上了色彩缤纷的广告外衣。那么，墙面、屋顶的广告租赁权究竟谁说了算，建设单位，物业管理部门，还是业主？近日，全国首例侵害墙体租赁权纠纷案，由浙江湖州市中级人民法院审理终结，物业管理部门擅自出租墙体的行为构成侵权。

2002 年 12 月 16 日，德清县农业局依法取得了位于该县武康镇永安街东湖大厦第六层建筑面积近 $1500m^2$ 的房产。2003 年 9 月中旬，农业局蓦然发现办公楼楼顶竟竖起了 200 多平方米大的广告牌。经了解，东湖大厦物业管理部门深越物业管理部将农业局所在的六楼朝南屋顶出租给了广告公司用于安装广告及广告设施。深越物业管理部，是一家成立不久的个人独资企业，至今尚未取得国家建设部规定的从事物业管理活动的资质。与东湖大厦的建设单位签订完东湖大厦前期物业管理聘用合同后，深越物业即与德清县内的一家广告公司签订了广告位租赁协议，租期 3 年，租金 2 万余元。

法院经审理认为，我国《物业管理条例》明确规定，业主依法享有的物业共用部位、共用设施的所有权或者使用权，建设单位不得擅自处分。因此，东湖大厦屋顶立面应属大厦全体业主共同所有，在未征得大厦业主同意或追认的情况下，建设单位尚不享有共用部位、共用设施的所有权或者使用权，何况是物业管理部门更无权擅自处分。但是，合同关系具有相对性，只有合同当事人一方能够向另一方基于合同提出请求或提出诉讼，深越物业与广告公司之间签订租赁协议，作为合同关系以外第三人的农业局无权要求确认该合同无效。法院最终驳回了农业局请求确认租赁合同无效的诉讼请求，同时指出，深越物业与广告公司之间的租赁行为，已侵害了东湖大厦全体业主对大厦共用部位所享有的所有权、使用权，构成侵权，东湖大厦全体业主可以另行提起侵权之诉，要求停止侵害。

[判例 7] 女业主命丧豪宅物管担责赔 17 万。

"东海花园命案"受害人之母认为该花园的物业管理处没有尽到安全保障的义务，导致凶手钟先辉使用过期的《装修出入证》进入该花园，将其女儿杀害。她遂将物业管理处告上法庭，要求对方赔偿各项损失近600万元。

钱女士诉称：小区保安员未查实钟先辉的出入证，也未进行登记就予放行。致使钟先辉得以顺利进入郑丽珊居住的房屋，实施抢劫杀人。由于其过失导致郑丽珊被杀害，该管理处的行为已构成侵权，戴德梁行公司依法应承担连带责任。东海房地产公司为东海花园装备的监控设备陈旧落后，且选聘物业管理公司不当，也应对其损失承担连带赔偿责任。她遂将上述两公司、管理处和杀人犯钟先辉告上法庭，请求法院判令被告赔偿其丧葬费、死亡补偿费、被扶养人生活费、交通费、精神损害赔偿金共计97万余元，以及因侵权行为导致的近3年的可预期收入损失500万元。

福田区法院公开开庭审理了此案。在法庭上，戴德梁行公司和东海花园管理处共同辩称：管理处对郑丽珊私人物业内的人身、财产不负有安全保障义务，只对公共区域负有合理限度内的安全保障义务。管理处在维护公共秩序方面已尽到足够的安全保障义务，其未登记出入证的行为与郑丽珊被害之间不具有因果关系。他们请求法院驳回钱女士的诉讼请求。

东海房地产公司辩称，该公司委托具有物业管理资质的机构进行物业管理，完全符合法律规定，没有任何过错。

而钟先辉对钱女士起诉的理由和要求没有异议，但没有能力赔偿。

法院判决管理处有过错应承担责任。

法院审理后认为，钟先辉侵害了郑丽珊的生命权，应承担侵权损害赔偿责任。由于无证据证明钱女士丧失劳动能力又无其他生活来源，其不属于侵权法意义上的被扶养人，其请求赔偿被扶养人生活费的要求法院不予支持。

钱女士因女儿被杀害受到精神损害，其请求赔偿精神损害抚慰金10万元法院予以支持。钱女士请求钟先辉赔偿郑丽珊预期可得收入损失，没有法律依据。

小区物业管理公司未以适当的方式核实钟的身份是否真实，即同意其进入住宅楼内，系属未尽合理限度范围内的安全保障义务，有过错。故东海花园管理处未尽合理限度范围内的安全保障义务的行为，与某种危害后果的发生之间，存在有相当因果关系。法院判定东海花园管理处对钟先辉应承担的赔偿额的30%承担补充赔偿责任。戴德梁行公司依法应对东海花园管理处的债务承担补充赔偿责任。戴德梁行公司及东海花园管理处承担了补充赔偿责任后，享有向钟先辉进行追偿的权利。福田区法院认为：东海花园物业管理处没有尽到合理限度范围内的安全保障义务，应对此案承担部分补充赔偿责任。

法院认为，戴德梁行公司具有相应的物业管理资质，钱女士未能举证证明东海房地产公司选聘不当，东海房地产公司对于郑丽珊的死亡没有过错，故钱女士请求东海房地产公司承担连带赔偿责任，法院不予支持。

法院遂作出一审判决：钟先辉赔偿钱女士丧葬费、死亡赔偿金、精神损害抚慰金合计59.3万余元。东海花园物业管理处对钟先辉应承担的赔偿额的30%即17.7万余元承担补充赔偿责任，戴德梁行公司对东海花园物业管理处的上述债务承担补充清偿责任，驳回钱女士其他诉讼请求。

[判例8] 业主在住所遇害，法院认定物业与罪犯共同侵权。

一位小区业主在自己家中遭遇两名罪犯抢劫并被杀害，其亲属将小区物业管理部门告上法庭，要求被告承担死亡赔偿金及丧葬费等二十九万余元。北京市朝阳区人民法院认为，本案中的物业部门与犯罪分子已构成共同侵权，于日前作出一审判决，判令物业公司赔偿被害人亲属人民币16万余元。

2001年4月15日，两名罪犯（均于2001年11月被判死刑）经预谋后，携带尖刀等凶器，来到北京市朝阳区望京某小区，冒充物业人员，以检修煤气管道为名，进入被害人家中实施抢劫并杀死被害人。

被害人的亲属说，我们与该小区的物业管理部门——北京市望京实业总公司振安物业管理部签订了物业管理合同，合同约定物业提供的服务包括闭路电视监控、磁卡机控制出入、24小时楼宇保安巡查等。但案发前很长一段时间，小区的磁卡机、闭路电视、可视对讲系统均损坏且无人修理，致使两名罪犯轻易进入小区作案，物业应承担赔偿责任。而物业管理部则认为，提供保安服务只是对小区及楼宇内一般公共秩序的维护，是通过一定的管理措施制约违法犯罪分子，而不是杜绝一切犯罪活动。所以，物业部门没有违约，不应承担赔偿责任。

对此，法院的看法是，合同本身应是物业管理者对广大业主做出的物业管理内容的承诺，在本案原、被告的合同里，就有"访客或其他相关人士凭有效证件在楼宇保安处登记，并通过可视对讲系统经业主确认后方可进入楼宇"的条款。当两名罪犯进入小区时，保安员未对其进行盘查，且安全设施损坏，因此，原告方的损失结果与物业部疏于管理的行为具有明显的关联性。物业部门违反双方约定的保证楼宇安全的义务，是造成原告方遭受损失的原因之一，应承担相应违约责任。同时，由于物业部门的上述行为，与犯罪分子的犯罪行为构成没有意思联络的共同侵权，其行为又构成侵权，应承担相应侵权责任。由此产生违约责任和侵权责任的竞合。根据相关责任竞合理论和法律规定，原告方可择一而提出诉讼主张。法院出于最大限度地救济受害人的原则，对原告方的侵权责任赔偿请求，给予支持。

[判例9] 不承认物业管理，拒交小区停车费。

2004年8月13日上午，北京市朝阳区人民法院双桥法庭审结了原告（反诉被告）李某与被告（反诉原告）北京润天和物业管理有限公司（下称润天和公司）停车管理纠纷一案，依法判决润天和公司赔偿李某交通费损失30元；李某给付润天和公司2003年10月1日至2004年6月30日的停车费共计1125元。

2001年2月，李某购买了位于朝阳区定福庄福怡苑小区14号楼房屋一套。当时签订的合同中，北京瑞麒物业管理有限责任公司（下称瑞麒公司）是其物业管理公司，而不是润天和公司。因此，从2003年10月1日由润天和公司管理的小区停车场建好启用后，李某虽将车停在泊车位上，但始终拒绝交纳停车费。

2004年4月15日早6时许，当李某驾驶小轿车外出行至小区出口时，润天和公司的工作人员将李某拦下，要求支付拖欠的停车费，李某便弃车于小区门口，造成交通拥堵。此后连续7天一直用同样的方法催其缴费。5月28日润天和公司又一次拦截，李某便报了警，但车辆仍不能通行。李某认为润天和公司的行为已侵害了他的正当权益，故要求即刻停止对其正常出入小区车辆通行的妨碍，赔偿其车辆停用期间所造成的交通费损失72元，并赔偿精神损失10000元。

而润天和公司则认为福怡苑小区内停车场是由他们经各级审批出资建设并出人管理的，理应有权收费。且原告所称的瑞麒公司80%的股份已经在他们的管理之下，所以有权管理瑞麒公司的此部分管辖项目。因自停车场建成使用后李某从未交过停车费，润天和公司提起反诉要求其交纳2003年10月1日至2004年6月30日的停车费共计1125元，赔偿精神损失1元，并向公司赔礼道歉。

李某辩称：其小区内未成立业主委员会，没有沟通的机构，且润天和公司建停车场收费亦未征询其同意，不能同意润天和公司的说法。

法院经审理后查明：2003年4月18日，润天和公司取得瑞麒公司的80%股权并对其实际控股和经营管理已经由该小区的社区居委会将此事通过板报的形式告知了小区业主。在停车场筹建、审批过程中，润天和公司继续制定了一系列规定及文件也告知了小区内的业主。福怡苑小区内大多数需要占用车位的业主与润天和公司办理了停车位相关手续。润天和公司对停车位收费后，对没有办理固定停车位的业主按临时停车进行管理，车辆驶入小区时发给业主时间登记表，开出时交表收费。李某拒绝接收进门时间登记表，亦未交过停车费。

法院认为：李某与润天和公司之间虽然没有直接签订《物业管理委托合同》，但是，润天和公司通过股权转让等方式，从2003年4月已经实际履行着瑞麒公司的物业管理职责。润天和公司在福怡苑小区内建设停车场，对小区内拥有车辆的业主（含李某）进行车辆管理并收取费用的做法并无不妥。李某是福怡苑小区的业主，其所使用的小客车占用小区内车位，应当交纳停车费用。其拒绝交纳停车费用的做法没有法律依据，其欠交的2003年10月1日至2004年6月30日的停车费应当补交。

润天和公司在对小区停车场进行统一管理的过程中，对发生的纠纷应当通过正当的方式解决，其于2004年4月15日、5月28日两天擅自限制李某开车外出的行为不妥，就此给李某造成的交通费损失应当赔偿。此间，李某应当交纳停车费，以避免发生新的交通费用，故此期间的交通费用，应当由其自行负担。

[判例10] 丢车业主状告公司保管不善被判驳回。

小区业主张某因车辆丢失而状告物业管理公司和房地产开发公司未尽防护义务，但由于未能就其车辆提供与物业管理公司或房地产开发公司存在有偿或是无偿的保管合同，被山东省日照市东港区人民法院驳回了诉讼请求。

2003年，日照市某房地产公司将阳光花园小区建成后，委托某物业管理公司对该小区进行物业管理。6月2日，张某与某房地产公司签订商品房买卖合同，购得阳光花园小区5号楼4单元301室住宅一套并于9月27日入住。

2004年3月5日下午，张某称其下班后将桑塔纳轿车停放在楼下锁好后回家，次日早上6时左右，发现轿车不见了，遂向公安刑警部门报案。3月9日，公安机关立案侦查，现该案尚在侦查中。5月27日，张某以物业管理公司和房地产开发公司未尽安全防护义务导致其车辆丢失为由诉至法院，要求被告赔偿损失34800元。

法院认为，根据相关法律、法规的规定，业主对自己特定的财产单独委托物业管理公司进行看管的，应当另行约定。本案中，张某就其车辆并未向某物业管理公司单独缴纳服务费用由其有偿保管，从而未形成有偿保管合同关系。而且，某物业管理公司也未在小区内设定专用停车场、对张某的车辆出入进行登记无偿看管从而未形成无偿保管合同关系。因此，某物业管理公司对张某的车辆无看管之义务，在该车丢失后，无需承担损害赔偿责任。某物业管理公司虽然按照日照市物价局的有关文件收取了原告交纳的物业管理综合服务费，但其相应的义务是对小区内的房屋建筑及其设备、公用设施、绿化、卫生、交通、治安和环境容貌等项目开展日常维护、修缮、整治服务等综合物业管理活动。物业管理公司的安全保卫责任是基于整个阳光花园小区而言的宏观安全保卫工作，并不涉及包括原告在内的个人特定财产的微观安全保卫之责。作为物业管理公司，其仅对物业管理范围内发生的行为、事件承担相应的法律责任，不应任意加重其责任。张某以其车辆丢失与某物业管理公司未采取必要的安全防护措施有因果关系而要求其担责的主张缺乏依据，不予支持。某房地产公司系从事房地产开发经营活动的企业，在其将阳光花园小区建成投入使用后，已将该小区的物业管理业务移交有关物业管理企业，其与张某间不存在物业管理关系，故张某要求某房地产公司承担赔偿责任的请求，亦不予支持。据此，法院驳回了张某的诉讼请求。

[判例11] 无偿停车丢了照赔，物业公司被判赔25万。

顾客到超市购物，出来时发现汽车被盗，赔偿责任是由超市来承担，还是由管理停车场的物业公司来承担？日前，广州海珠区法院作出判决：由物业公司赔偿25万元。

惹起这场官司的是一辆很漂亮的广州本田雅阁小汽车，属于贵州省某投资公司所有。2002年8月29日傍晚，员工小胡气喘吁吁地向领导汇报：汽车丢了！原来，当日下午4点30分，小胡和两个朋友驾驶这辆车到广州市万国广场的一家大超市购物。当他们到万国广场地下停车场的入口处取卡时，发现取卡机上贴了一张"请勿取卡"的告示，保安当时说取卡机坏了，并指引小胡把汽车停到地下停车场。小胡锁好车后，就到超市买了一大堆东西，并用购物小票换取了一张免费停车卡。下午5点40分左右，当他们到停车场取车时，发现车已经不翼而飞。110巡警赶到现场后，调取了现场录像，发现该车早在半个多小时前就已被开出停车场。汽车所属的贵州公司认为超市和管理停车场的物业公司谁都脱不了干系，干脆将超市和物业公司一起告上了法庭，要求两被告共同赔偿经济损失35万。

超市在法庭上的辩解很清楚：丢车的时候，超市还没有和这家物业公司达成免费停车的协议，因此客户丢车和自己没有任何关系。而当时发给小胡的免费停车卡，只是自己员工的"工作失误"。

物业公司也感到不服，称自己没收车主一分钱，让自己赔车实在是太冤枉了。其负责人表示，该公司确实受委托对万国广场的停车场进行物业管理，但当时停车场是免费对外开放的，所有车辆都可自由出入，保安只是指挥车辆出入，没有对车辆进行登记的义务。

但当时值班的保安却有着和物业公司不同的说法。法院调取了公安机关对当时值班保安的询问笔录，该保安称必须要对来停放的车辆进行登记，而且要发一张卡，走的时候还要收回卡。但事发当日并没有登记丢失这辆车的情况。

法院认为，这足以证明该物业公司没有履行登记和凭证放行的义务，对原告车辆的丢失存在重大过失，即使是无偿保管，也应承担赔偿原告经济损失的责任。根据会计师事务所的估价，物业公司应赔偿小汽车的价值256 000元。

[判例12] 小区收取管理费，夜晚丢车物业赔。

日前，北京市昌平区法院对陈女士因停在小区内的车辆被盗而起诉物业管理中心保管合同纠纷一案作出一审判决：判令被告物业管理中心支付原告陈女士购车款45000元。

供职于北京市商业银行系统的陈女士为工作及生活方便而于1997年花45000元购买了一辆"奥拓"车，自此便成了"有车族"中的一员。2001年7月3日，陈女士向其居住地昌平区东小口镇某小区的物业管理中心交纳了当年7月份至12月份"奥拓"车的停车费后，就习惯性将车停放自家楼前。可谁曾想，"天有不测风云"，2001年11月15日夜晚，陈女士停在小区内自家楼前的车辆竟不翼而飞。事发后，心急如焚的陈女士在第一时间向公安机关报了案。公安机关对这一案件高度重视，但苦于缺乏线索，案件至今悬而未决。

在数次协商未果之后，陈女士一纸诉状将物业管理中心告上法院，称其在被告小区内居住，定期交纳各种费用及2001年7月至同年12月的车辆停车费，由于被告安全防范不力致使其停放在自家楼前的车辆被盗，故起诉要求被告立即支付被盗车辆款45000元。庭审中，陈女士向法庭当庭提交了购车发票、停车费发票、车证等相关证据。

庭审中，被告物业管理中心否认原告的车辆是在小区内丢失，认为原告丢失的车辆并未在小区内办理停车位，但未能提交相关证据支持自己的答辩意见。

法院经审理查明上述事实后，认为：原告在被告处居住，按时交纳了"奥拓"车的停车费，应视为双方已形成了对此车的保管合同关系。在2001年7月15日夜此车被盗，系被告没有严格履行对此车的保管职能，对此被告应负全部责任。被告称此车不是在小区内丢失，且未交纳停车使用费的辩解证据不足，法院不予采纳。原告要求被告给付车款45000元的理由正当，法院予以支持。据此，法院依法作出上述判决。

[判例13] 小区停车不入位，百万吉普丢了白丢。

王先生交纳了停车费但却没有把车停在指定停车位上，让人意想不到的是价值百万的丰田吉普车在小区内被盗。为此，车主把物业公司起诉到了法院，要求赔偿因保管不善而造成的丢失车辆损失费102万元。近日，北京市第一中级人民法院终审判决，认定王先生因没有将汽车停在指定车位里，所受损失应自行负担，物业公司不承担赔偿责任。

2002年1月，王先生向回龙观云趣园小区交纳150元停车费后，将车停进该小区。3月12日晚9时，王先生开车回家，没有将车停在指定停车位，而是将他开的丰田4700型吉普车停放在该小区20号楼东侧附近的小区道路边。第二天早晨7时左右，他发现自己的车没了。为此，王先生所在的哈尔滨东美房地产开发有限公司，将小区的物业公司深圳长城物业管理股份有限公司物业公司及北京分公司告上法庭，称物业公司保管不善，索赔102万元。

物业公司认为，东美公司交纳每月150元是车场车位租用费，而不是保管费。双方充其量形成了租赁关系，而非保管关系，物业公司没有对该车的保管义务。同时该车并未按要求使用车位，而是违反双方约定及物业管理规定，随意停放车辆，该车丢失与物业公司的管理职责无关，应由东美公司自行负责丢车责任。

一中院经审理认为，东美公司应在物业公司指定的停车位上停放车辆，物业公司应对停放在固定停车位上的车辆负有保管义务。东美公司在丢车当晚未将车辆停放在指定的停车位中,而是将车辆停放在他处,致使该机动车脱离了物业公司的保管范围,物业公司对停放在他处的车辆,不应负有管理义务,东美公司对其擅自改变停车位而造成的损失,应自行负担。

[判例14] 保安代客"泊车"偷偷开出肇事,物业公司管理不善被判赔偿。

在北京物华大厦上班的付女士让院里的保安帮助"泊车",不料这名连驾照都没有的保安却私自把车开到街上去兜风,结果出了交通事故,车辆严重受损。气愤的付女士把该保安的管理单位北京东方大洋物业公司起诉到法院。上周,西城区人民法院对此案作出一审判决。法院判决物业公司赔偿付女士修车费51702元,付女士由于把车交给无照保安"泊车",自己也承担了近1/3的经济损失。

今年2月25日下午5点多,付女士驾驶自己新买的红色波罗汽车进入物华大厦停车场,因为当时车场内车位已满,保安让她把车先停到便道上,等一会儿有了车位后由保安把车开到车位上,再把车钥匙送到物华大厦办公室。付女士就把车钥匙交给了保安段某,自己进楼办事。下午6点50分左右,段某打来电话告诉付女士自己把车开到了街上,结果发生了交通事故,车被撞坏。后经交通队事故认定,保安段某属于无照驾驶对事故负全部责任。经检修,付女士支付修车费73000余元,还因处理此事造成误工损失4500元。

庭审时付女士称,自己和物业公司签定有停车协议,保安段某的行为是职业行为,物业公司对保安管理不严才造成这样的后果,物业公司应赔偿自己全部损失。物业公司却认为让保安代替自己"泊车",超出了保安职责的要求,由此造成的责任,应该由保安个人承担。

法院审理认为,付女士和物业公司签订了有偿保管合同,物业公司对于业主交付的物品有责任妥善保管。段某私自把交给自己"泊车"的车辆开出去造成车辆损失,该行为属于职务行为,所以此次事故给原告造成的损失,物业公司应该承担赔偿责任。身为驾驶员的付女士在未知保安有无驾照的情况下,就把车钥匙交给他人,也应对由此带来的损失承担一定责任。故此法院做出上述判决。

思 考 题

1. 物业管理公司在装修管理过程中应注意哪些问题?
2. 物业管理公司应如何处置物业公共部位的收益?
3. 物业管理公司应如何正确使用物业维修基金?

第六章 物业管理收费

相关法条

1. 物业服务收费应当遵循合理、公开以及费用与服务水平相适应的原则,区别不同物业的性质和特点,由业主和物业管理企业按照国务院价格主管部门会同国务院建设行政主管部门制定的物业服务收费办法,在物业服务合同中约定。

2. 业主应当根据物业服务合同的约定交纳物业服务费用。业主与物业使用人约定由物业使用人交纳物业服务费用的,从其约定,业主负连带交纳责任。

3. 违反物业服务合同约定,业主逾期不交纳物业服务费用的,业主委员会应当督促其限期交纳;逾期仍不交纳的,物业管理企业可以向人民法院起诉。

——国务院《物业管理条例》,2003年9月1日起施行

4. 国家提倡业主通过公开、公平、公正的市场竞争机制选择物业管理企业;鼓励物业管理企业开展正当的价格竞争,禁止价格欺诈,促进物业服务收费通过市场竞争形成。

5. 物业服务收费应当遵循合理、公开以及费用与服务水平相适应的原则。

6. 物业服务收费实行政府指导价的,有定价权限的人民政府价格主管部门应当会同房地产行政主管部门根据物业管理服务等级标准等因素,制定相应的基准价及其浮动幅度,并定期公布。具体收费标准由业主与物业管理企业根据规定的基准价和浮动幅度在物业服务合同中约定。实行市场调节价的物业服务收费,由业主与物业管理企业在物业服务合同中约定。

7. 建设单位与物业买受人签订的买卖合同,应当约定物业管理服务内容、服务标准、收费标准、计费方式及计费起始时间等内容,涉及物业买受人共同利益的约定应当一致。

8. 物业服务成本或者物业服务支出构成一般包括以下部分:

(1) 管理服务人员的工资、社会保险和按规定提取的福利费等;
(2) 物业共用部位、共用设施设备的日常运行、维护费用;
(3) 物业管理区域清洁卫生费用;
(4) 物业管理区域绿化养护费用;
(5) 物业管理区域秩序维护费用;
(6) 办公费用;
(7) 物业管理企业固定资产折旧;
(8) 物业共用部位、共用设施设备及公众责任保险费用;
(9) 经业主同意的其他费用。

9. 物业共用部位、共用设施设备的大修、中修和更新、改造费用，应当通过专项维修资金予以列支，不得计入物业服务支出或者物业服务成本。

10. 物业管理企业在物业服务中应当遵守国家的价格法律法规，严格履行物业服务合同，为业主提供质价相符的服务。

11. 业主应当按照物业服务合同的约定按时足额交纳物业服务费用或者物业服务资金。业主违反物业服务合同约定逾期不交纳服务费用或者物业服务资金的，业主委员会应当督促其限期交纳；逾期仍不交纳的，物业管理企业可以依法追缴。业主与物业使用人约定由物业使用人交纳物业服务费用或者物业服务资金的，从其约定，业主负连带交纳责任。物业发生产权转移时，业主或者物业使用人应当结清物业服务费用或者物业服务资金。

12. 利用物业共用部位、共用设施设备进行经营的，应当在征得相关业主、业主大会、物业管理企业的同意后，按照规定办理有关手续。业主所得收益应当主要用于补充专项维修资金，也可以按照业主大会的决定使用。

——国家发展改革委、建设部《物业服务收费管理办法》，2004年1月1日起执行

案例精选

[案例6-1] 开发商对物业管理情况的承诺与物业管理公司的说法谁的算数？

家住广州某小区的李先生，在购房时开发商承诺物业管理费为 1 元/m^2，且免首两年物业管理费，并把这些承诺写进了购房合同中。但李先生入住一年后，物业管理公司要求李先生从入住的第二年起按 1.2 元/m^2 的标准缴管理费，李先生找物业管理公司提出质问，物业管理公司回答说自己是依据国家标准收费的，发展商的承诺不算数。找发展商询问，发展商则称，现在物业管理工作交给了物业管理公司，自己也没有办法。李先生于是感到不解：

（1）开发商可否对物业管理问题做出承诺？
（2）开发商的承诺对物业管理公司有没有约束力？

[案例分析]

1. 开发商能不能对物业管理问题做出承诺？

首先我们要看到，物业管理与房屋买卖是两种独立的法律关系。房屋买卖当事人一方是发展商，另一方是购房客户，两者间是买卖合同关系。物业管理当事人一方是物业管理公司，一方是住户，两者间是服务合同关系。这两种合同关系虽然在主体方面有些重合，比如购房客户往往就是住户，而卖房的发展商也可能又承担了物业管理者的角色，但无论如何，这两种合同是独立的、有区别的。而物业管理费用、标准、服务内容等，实际上就是物业管理法律关系中的种种权利、义务、责任，只能由物业管理公司予以确立。

根据《物业管理条例》的规定，在房屋预售前，发展商可以与物业管理公司谈定前期

物业管理协议，确定物业管理服务内容、方式、收费等事项。发展商在售楼时，可以对相关物业管理问题作出必要的说明、解释，以便增加该物业的卖点，同时方便广大购房者进行综合的比较、选择。但是发展商对物业管理的承诺应以其与物业管理公司签订的协议为依据。

2. 开发商的承诺对物业管理公司有没有约束力？

如果开发商仅仅是为了促销而就物业管理服务内容、方式、收费等事项对业主所做的口头承诺，那么对物业管理公司就没有约束力；如果开发商向购房者出示了物业管理公司授权其做出承诺的授权委托书，那开发商在其授权范围内所做的承诺就是物业管理公司的承诺，对物业管理公司具有约束力。这种情况下，物业管理公司必须在其管理的有效期内兑现其承诺。如果开发商的书面承诺并不涉及物业管理公司的权利与义务，如开发商承诺补贴业主1/3的物业管理费，应该也是合法有效的。这时，业主可以要求开发商依照其承诺，为自己补贴这部分的费用。

本案中业主可以诉发展商虚假承诺，追纠其违约责任。

[案例6-2] 业主不交物业管理费，开发商能拒办产权吗？

某业主购买了一处商品房，入住后对小区的物业管理有意见，便拒交物业管理费，没想到开发商声称：不交物业管理费就别想办产权证。请问，开发商这样做符合法律规定吗？

[案例分析]

首先我们还有必要再说一次商品房买卖与物业管理的关系问题。商品房买卖和物业管理根本就是两个不同的阶段，属于两个不同的法律关系。从表示形式上看，《商品房买卖合同》和《物业服务合同》是两个合同，两个合同的主体、权利义务和合同标的是不同的，是各自独立的。虽然购房者在这两个合同中都是签约主体，虽然有时开发商和物业管理公司是一家，但从法律关系上看，它们是各自独立存在的。

商品房买卖和物业管理既然是两个完全不同的法律关系，就应当各办各的事，不能混为一谈，不能因开发商和物业管理公司是一家及两份合同都有业主签名就将他们扯到一块儿。

就业主来说，对物业管理有意见，可以通过业主管理委员会解决，如果没有业主管理委员会，还可以向政府有关行政主管部门，如房屋土地管理局反映。单纯地采取不交管理费的办法，不但不能提高物业管理质量让自己满意，可能还会因为违反物业管理合同而受到法律的惩罚。到时候不但自己要交纳拖欠的物业管理费，恐怕还要交纳拖欠管理费期间的利息、滞纳金以及诉讼费用。

就开发商来说，同样需要理智地看待这类事情，通过合法的途径解决问题。业主拒绝交纳管理费，可能有他们的理由，作为物业管理单位的开发商，应该考虑提高管理质量的问题，或者即使业主们有错误，开发商也可以通过到法院诉讼，主张收取物业管理费的权利，并通过法院收缴业主们拖欠的费用，而不能以拒绝办理产权证相威胁。假如真的这样做了，业主交纳了房款，履行了房屋买卖合同，他们就有充分的理由控告开发商违约，到时候，开发商自己的权益不但得不到维护，反而可能会遭受更多的损失。

[案例6-3] 不交物业管理费就不给钥匙的做法合法吗？

刘先生向某房地产公司购买商品房一套，购房合同签订后，刘先生支付了全部购房款。当刘先生到房产公司处办理入户手续时，房产公司要求刘先生交付物业管理费，否则不予办理入户手续。刘先生以合同中没有物业管理费一项为由拒绝交纳，由此，房产公司也一直未将房屋交付刘先生。于是，刘先生起诉到法院，要求房产公司履约，并支付违约金。庭审中，房产公司否认违约，称其按时向刘先生发出了入户通知书，刘亦在入户通知书中签字，入户手续完成。按有关政策规定，出售房屋应由物业管理，刘拒办此项手续，拒付物业管理费，故不能将房屋交给刘。房产公司认为，房屋的钥匙之所以未能交付责任在刘一方，因此不存在支付违约金的问题。请问：

（1）不交物业管理费就不给钥匙的做法合法吗？
（2）房产公司是否应向刘先生支付违约金？

[案例分析]

不少城市的绝大多数楼盘在交房的时候都有这样的情景：业主去办理入住手续的时候，被告知要找物业管理公司办理。物业管理公司让业主填表、签订物业管理公约、交费、给钥匙等。如果业主由于某种原因拒绝交费、签约等，有些物业管理公司（或开发商）就会采取不给钥匙的做法。这种做法实际上是不合法的。开发商不能以业主未交管理费而不给钥匙。这样做了的话，就应向业主支付违约金。

首先，开发商与购房者是平等的民事主体。业主购买房屋，就与房屋的开发商之间形成了一种房屋买卖关系，房屋买卖合同就是他们之间这种法律关系的反映。根据买卖合同，开发商最根本的权利是收取业主的购房款项，最根本的义务是向业主交付房屋。业主按照房屋买卖合同的约定，向开发商付了全部的购房款，开发商就应该履行其向业主交付房屋的义务。只要业主没有违约情形，开发商就应该向业主交付房屋，不能增加业主的责任与义务，而物业管理公司作为代理交付房屋的机构，只是替开发商完成交房事务，不能在此过程中加入自己的权利内容，增加业主的责任义务。

其次，从法律角度上讲，房屋买卖关系与物业管理法律关系是两种独立的法律关系，不应该互相混淆。不管业主与物业管理公司之间如何，都是物业管理法律关系的内容，与房屋买卖法律关系无关。作为房屋买卖关系当事人的开发商，必须向业主交付房屋，而不能把物业管理法律关系中的内容再强加到房屋买卖关系中来。

再次，"交物业管理费方可交钥匙"是临时附加的条件，未经购房者的同意，所以对购方不产生任何的效力。如果开发商将交钥匙的义务委托物业管理公司代为履行，而物业管理公司以购房人不缴纳物业管理费为由拒绝交钥匙，也应视为开发商的违约行为。

本案例中，双方所签的房屋销售合同合法有效，房产公司虽兼有物业管理的职能，但由于在房屋销售合同中未明确物业管理的内容，因此，刘某按约交清了全部房款，房产公司就应按期交房。房产公司以业主未付物业管理费而拒绝交房的行为，违反了双方订立合同规定，构成违约。此外，合同附件更是明确了违约金承担的比例。合同附件与销售合同具有同等效力。因此，房产公司应依法、依约向刘先生交付违约金，并赔偿因迟交住房给刘先生可能带来的损失。

[案例 6-4] 物业管理费何时收取？一次能收多少年？

我是一名购房者，所买的房子已于 2003 年 8 月初完工并通过验收，我也早已将全部房款付清，根据合同规定，应于 8 月底拿钥匙。在办理入住手续时，开发商告知，须向指定的物业管理公司交齐两年的物业管理费才能入住，我发现物业管理费是从贷款公证日期起计算的，我感到很困惑，请问：

（1）物业管理费是从贷款公证日期起计算的吗？
（2）物业管理费能一次收取两年吗？简要说明。

[案例分析]

（1）物业管理费是从贷款公证日期起计算的吗？

根据"谁享用，谁负担"的原则，物业管理公司收取物业管理费应当自其为业主提供物业管理服务时开始，实践中业主缴纳物业管理费是在开发商将其出售的房屋交付给业主时起，即物业管理公司一般以住户办理入住手续时开始计取管理费，也有的物业管理公司是从购房人验收房屋，签字认可后，开始计取物业管理费。如果购房人在购房时，开发商与购房人双方对物业管理费计取另有约定的除外。

案例中提到的将物业管理费从贷款的公证日期算起没有任何道理，因为假如贷款公证日期比合同规定的房地产商交房日期提前半年的话，业主在办入住手续时也要付这半年的物业管理费，这显然不合理，也没有事实和法律依据，而且还违背"谁享用，谁负担"的原则。如果物业管理公司这样收取费用，业主不但不应该满足这种无理要求，而且可以向您房屋所在区县或者城市物业管理部门投诉，也可以向物价主管部门投诉或向人民法院提起诉讼。

（2）物业管理费能一次收取两年吗？

物业管理费一般应按月、按季度或按年收取，物业管理公司通常不能一次收取两年或多年的物业管理费。这方面不少城市都有规定，如早在 1998 年，北京市居民小区管理办公室就发布了《关于禁止一次性收取多年物业管理费的通知》（京小区办字 [1998] 第 011 号），明令禁止一次性预收多年的物业管理费。

实际物业管理中，一些物业管理公司可能会预收 3 个月的物业管理费。对于能否预收该费用，一些城市已有规定，如《广东省物业管理条例》第 30 条就物业管理预付金规定：（业主）入住时，物业管理费用原则上按月收取；但"经约定，可以预收，但预收期限不得超过 3 个月"。这个规定，可能比禁止预收更符合实际情况，因为业主有时由于出差等原因不能按时缴费，物业管理公司可以用预付金垫付，避免因业主不能按时交纳而对业主进行罚款和收取滞纳金。当然，物业管理公司要预收，就必须经业主同意，如果业主不同意，物业管理公司就不能采取强迫行为。业主与物业管理公司从法律角度上讲属于雇佣关系，雇主只需按月支付工资，没有义务预付。

[案例 6-5] 物业管理公司单方面决定增加物业管理费是否可行？

某物业管理公司在事先未征求业主意见的情况下，自己做主将物业管理费提高，一些业主对此十分不满，甚至出现拒交物业管理费的现象。那么，物业管理公司能否单方面增加物业管理费?

[案例分析]

这是物业管理中较常见的问题。我们认为,物业管理公司不能单方面决定提高收费标准。物业管理收费是一种服务收费,即属于服务价格。根据《中华人民共和国价格法》第六条及第十八条规定:"服务价格一般都实行市场调节价,而重要的公益性服务在必要时可以适用政府指导价或政府定价。"那么,物业管理收费是否属于《价格法》所说的"重要的公益性服务价格"呢?这恐怕不能一概而论。一般来说,为物业产权人、使用人提供的公共卫生清洁、公用设施的维修保养和保安、绿化等具有公共性的服务以及代收代缴水电费、煤气费、有线电视费、电话费等公众代办性质的服务,属于公益性服务,实行政府指导价。物业管理单位可以在政府指导价格规定的范围内确定具体的收费标准。而为物业产权人、使用人个别需要所提供的特约服务则属于一般性服务,实行经营者定价。这类服务的收费标准,由物业管理单位与小区管理委员会或产权人、使用人代表协商议定,并应将收费项目和收费标准报当地物价部门备案。由于住宅小区的物业收费涉及千家万户的切身利益,而具体情况又各有不同,政府完全不干预是不行的。正因为如此,现在各地通常会发布一些政府限价,即根据物业的区域(如是郊县还是市区)、档次、设备(如有无电梯)等公布几种价格标准和浮动范围。在这个范围内,物业管理公司可以同业主以协议的方式确定或变更价格。但是物业管理的收费项目、收费标准及收取办法是如何确定的,都应当在物业管理合同中明文约定。物业管理公司还应当定期向住户公布收费的收支情况,接受小区物业管理委员会、物业产权人、使用人的监督。

当前,我国相当部分地区没有对物业管理费标准做出统一的规定,一般都是在物业管理招投标的过程中,由招投标双方确定后报送当地物价局审核,一旦物价局定出指导价或予以确认后,物业管理公司就应当按照与业主及物价局共同认可的收费标准收费。因为物业管理服务定价涉及物业管理公司及业主或使用者的切身利益,直接影响到物业管理能否顺利进行。因此,一旦计费项目和标准为业主接受后,就应保持相对稳定,至少应保持两年左右不变。

另外,由于业主(或使用者)收入水平将逐渐提高;观念也将不断更新,接受物业管理和支付物业管理费的能力得到加强;物业管理水平和服务质量有了很大提高;加之社会经济环境的变化(如通货膨胀)等,物业管理服务价格也不可能长期不变。所以,管理服务价格允许有一定的灵活性,一段时间后(如两年后),物业管理公司可以对该价格作适当的调整,但前提必须是在与业主或业主管理委员会充分协商的基础上进行,而不能擅自对物业管理收费标准进行修改。

上述案例中业主才入住半年,大厦可能还未成立业主委员会,此时物业管理公司应当通过其他途径征求业主意见,而不能独断专行。在得到业主或业主管理委员会同意的前提下,报送物价及房地产行政管理部门审批。获得批准后,物业管理公司还应张榜公布,并要在政府物业管理相关部门备案。

[案例6-6] 小区对外开门的首层商铺是否应向物业管理公司交纳管理费?

某小区有一间对外开门的首层商铺,该商铺有个门直通小区内部,业主刘某已将这些商铺出租给他人经营。但当该小区物业管理公司向刘某收取管理费时遭到拒绝,其理由是:商铺是对外开门的,因此,与小区物业管理公司在管理上没多大关系,管理公司也没有为其服务,所以物业管理费也就理所当然的不交。那么,刘某究竟该不该交管理费呢?

[案例分析]

该商铺本身就是这座小区整体建筑的一部分,水电设施维护和保安等也都由该小区物业管理公司提供,由此而发生的公共部分的维修工作及维修费用就自然而然地被管理公司承担了,并且该商铺有个门直通小区,该商铺的顾客在进出来往,从这一点来看,也加大了管理公司的工作量及管理成本。所以,按照"谁受益,谁负担"的原则,刘先生应为其受益向管理公司交纳物业管理费。

[案例6-7] 底层(一层、首层)住户能否免缴电梯费?

某购房人购买了一套带电梯的首层住房一套。他不但对住宅周围的环境比较满意,而且认为自己住在首层对照顾年迈的父母很有利。不久,负责小区物业管理的物业管理公司向其收取费用时,提出要收电梯分摊费用,该购房人坚决拒交,声称自己住的楼盘有28层高,但他住在最底层,从来不乘坐住宅电梯,也不用上下楼梯,却要分摊电梯、楼梯等公用设施所引发的费用,是何道理?而物业管理公司却认为,电梯是楼内全部产权人的共享财产,因此电梯运行维护费用理应由楼内全体产权人共同承担。那么,底层(一层、首层)住户能否免缴电梯费?物业管理公司的看法正确吗?

[案例分析]

我们认为,判断底层(一层、首层)住户能否免缴电梯费的关键,是要看底层(一层、首层)业主是否是电梯运行管理维护的受益人,以及受益的多少?而不能以业主是否使用电梯或电梯是否属于该住户所有为根据。

就一栋带有电梯的住宅楼或大厦而言,电梯是住宅楼或大厦物理上的有机组成部分,同时也是其价值的重要组成部分。假设该电梯突然损坏,造成多起伤亡事故,而且业主们并不想予以修复投入使用,则可想而知,该住宅楼或大厦就很难会有新的买主,原来的业主多数也会移居他地。该住宅楼或大厦二层以上的业主除迁走外,要么自己也迁走,要么只好过着极不方便的生活,这种情况只能导致该住宅楼或大厦贬值,相应地,底层(一层、首层)住宅也自然会跟着贬值,这绝对不是底层(一层、首层)业主所愿意看到。所以说,尽管底层(一层、首层)业主不使用电梯,但电梯的运行管理与维护将使底层(一层、首层)业主直接受益,即获得自己物业的保值和增值。但因为底层(一层、首层)业主不使用电梯,没有享受到相应的服务,电梯的好坏、是否能正常运行等,一般在短期内很难为其生活带来不利的影响。因此,我们说,底层(一层、首层)业主因电梯运行管理维护而受益的程度相对是较小的。

一方面,既然底层(一层、首层)业主和其他楼层的业主一样享有所有权,他就必然具有与其他共有人一样对电梯共同保养、维护及承担修缮费用的义务。现在一些高层楼宇收缴的电梯费中,既含有乘坐电梯所消耗的电费等成本,同时也包含一些维护保养费。因此，凡是大厦内的住户都应该分担承受。但如果从另外一个方面来看，如前所述，底层（一层、首层）业主没有享受到其他楼层业主所享有的电梯运行维护管理带来的方便和享受，没有使用电梯，电梯费少收一些，也是合情合理的，这才真正体现了公平、公正的原则。当然，电梯费是否少收，少收多少等最好要由物业管理公司与业主委员会商议后再决定。

例如，2000年5月广州市物价局颁布的电梯费用摊分是采取按楼层系数法，即按门牌号码，一至五层（不包含首层）为第一段，系数为1；六至十层为第二段，系数为1.2；十至十五层为第三段，系数为1.4。如此5层为一段类推，每段系数按20%递增，首层不使用电梯的用户不用摊分。对此，广州市物业管理协会副秘书长王友华认为，按楼层系数法来摊分是根据"少使用少付费，多使用多付费"的原则，但有很多费用是难以绝对公平分摊的。电梯运行费用是按电梯电表计费，反映的是总体运行费用，而要体现每一户的具体使用费用，这在物业计费设施的配套上是做不到的。但按总量分摊也会面临难题是：如何确定谁用得多，谁用得少。通常认为高层住户相对使用得较多，但电梯的运行费用除了与升降楼层有关，也与运行次数有关。他还指出，这种分摊方法还可能带来诸如使用二次供水系统的楼宇水泵耗电费、治安费、绿化费等分摊方面的争执。实际上住户在物业管理中享受到的是综合水平的服务，管理费用的收取也是一种综合前提下的公平，不宜分得太细，也不可能分得太细。当然这种分摊办法是在业主委员会没有成立时才采用的。若业主委员会经全体业主一致认为部分人的费用可以减免，物业管理公司也能接受的，则另当别论。

[案例6-8] 开发商赠送的阁楼是否交纳物业管理费？

北京的一位业主反映，当初购买别墅与开发商签约时，开发商没有把阁楼部分计入销售面积，仅将首层与二层的建筑面积之和写进合同书，合同书上标明的建筑面积为370多平方米，而物业管理公司在收取物业管理费时，却要求按此面积加上阁楼的100多平方米面积收取。物业管理公司认为，开发商与业主之间在售楼阶段达成的关于销售面积的让步不能影响到物业管理公司按实际面积收取物业管理费，业主则认为，阁楼属于开发商赠送的，不应该收取物业管理费。那么，开发商赠送的阁楼是否应该交纳物业管理费呢？

[案例分析]

通常情况下，物业管理的计费面积是以房产证上标明的建筑面积为准，这个建筑面积包括两个部分：一部分是套内建筑面积，另一部分是公用部分分摊的面积。如果开发商在为买房人办理产权时没有对所送面积进行专门的说明，那么在收取物业管理费的时候，应该按照未送面积之前的面积计算。或者说，如果产权证上的面积没有将赠送的面积计算在内，买房人就不用交纳附赠阁楼的物业管理费用。

这里可能有一种情况，即假如收取物业管理费时，产权证还没有办理下来，应该怎么收费呢？一般来说，这时候，应该暂时以开发商与购房人签订的购房合同上的销售面积为准；最后以房屋测量部门实测的面积并写入房产证的建筑面积为准。当然，如果产权证上把阁楼的面积计算在内，别墅的业主就应该补交阁楼部分的物业管理费用。

实际中，可能一部分业主购买顶楼后，经过改造，把顶楼上面加上了阁楼。前面说过，这样做的后果是侵犯了其他业主的合法权益，但尽管如此，如果没有人追究，也可以继续存在。对于这部分阁楼，收不收取物业管理费用呢？同样是不应该收取。因为，产权证上绝对没有这部分阁楼的面积，所以业主自然会拒绝交纳。

当前，在一些城市，为了避免商品房销售中的面积纠纷，规定按套内建筑面积或使用面积来销售住宅，即通过提高单价、总价款不变，消费者明明白白买房，所买面积更加清楚明了。这样的住宅，物业管理计费面积就是以销售时规定的面积（套内建筑面积或使用面积）为准，当然，物业管理收费标准要比按套内建筑面积加公摊面积计费相对要高一些，但总费用应该是一样的。

[案例6-9] 房子没住物业管理费可否不交？

某业主购买了一套商品房，但收楼后由于买房后工作调动却从未入住新房，房子一直空着，该业主也一直未交物业管理费，后来该业主接到物业管理公司催收管理费的电话，该业主感到疑惑，像自己的这种情况物业管理费究竟应不应该交？

[案例分析]

这一问题涉及到了入住交接和物业管理两个问题。

房屋买卖中的交付，从严格意义上讲，应当是以产权证的登记和取得作为最终的交付标准。但是在实际操作中，买卖双方往往以入住交接作为验收房屋是否符合法定约定交付条件的一个主要程序。

在商品房买卖合同中，对房屋交接的程序做了约定和规范，如要求开发商要在房屋交付时，向购房人提供房屋验收合格的证明，所购商品房为住宅的，开发商还需提供《住宅质量保证书》和《住宅使用说明书》。开发商不出示证明文件或出示证明文件不齐全，购房人有权拒绝交接，由此产生的延期交房责任由开发商承担。

既然房子已交付，无论业主是否实际居住，有关的物业管理费也理应交纳，因为无论业主是否实际居住，物业公司有许多物业服务均已提供（如保安，保洁等）。

[案例6-10] 房客未按约付物业费，房东要承担连带责任。

去年8月，我与王小姐签订了一份房屋租赁合同，把自己的一套房子出租给她居住，租期为两年。合同除了对租金及支付期限作了约定外，还约定物业费由王小姐承担。前几天，我收到物业公司的催款函，说我已欠付近一年的物业费。为此来信请问，在租赁合同中约定由房客付物业费的情况下，物业公司能否还向我收物业费？

[案例分析]

根据规定，物业公司按照其与业主签订的物业管理服务合同提供物业管理服务后，有权按照合同向业主收取约定的物业费。对业主来说，在接受了物业公司提供的物业管理服务后，有义务按约定支付相应的物业费。在房屋出租期间，房东应将出租情况及时书面告知物业公司。物业公司可根据房东和房客对物业费缴付的具体约定向有关义务人收取物业费。也就是说，若租赁合同约定由房客支付物业费，物业公司可直接向房客收取，但业主要承担连带责任。若租赁合同对物业费由谁支付没有约定或者约定由房东承担的，物业费应当由房东承担。根据以上分析,若王小姐不按约定缴物业费,物业公司向你收取物业费是有法律依据的,因为你要承担连带责任。当然,在缴完欠付的物业费后,你可向王小姐追偿,并可追究她相应的违约责任。

[案例6-11]"满不满意"与"缴不缴费"。

徐先生花费大量时间和金钱刚刚装修好的房子,被楼上住户跑水搞得厨房、卫生间、客厅部分屋顶浸泡起皮。找到楼上业主,答复是他家一点也没有漏,并且很不情愿配合检查问题。虽说经物业管理公司工程人员多次协调已解决了问题,但徐先生心里还是不痛快,认为物业公司在装修管理上没有尽到责任,所以拒绝缴纳物业管理费。他向律师询问:对物业管理公司的服务不满意,是否可以不交物业管理费?

[案例分析]

楼上跑水可能由两种原因引起:房屋质量不好导致水渗漏或者楼上业主过失导致跑水。但无论哪种原因,都与物业管理公司无关,不涉及物业管理公司与业主的法律关系。

房屋质量不好导致水渗漏,涉及业主与开发商之间基于房屋买卖合同而产生的合同法律关系。开发商交付的房屋存在瑕疵导致水管跑水,致使业主遭受损失,开发商应当承担违约赔偿责任。

楼上业主过失导致跑水,涉及业主之间基于侵权行为而产生的侵权法律关系。楼上业主的过错导致楼下业主房屋遭受损失,该行为已经构成对楼下业主财产权利的侵犯,楼上业主应当承担侵权赔偿责任。

物业管理公司在本案中只涉及对受损业主家内部的维护和修缮。由于受损部分不属于公共设施、公共区域,该部分的物业服务不属于物业管理费所涵盖的服务范围,而属于特殊的物业管理服务,对该部分维修应当另行支付费用,业主没有理由拒缴物业管理费。

业主以对管理服务不满意为由拒缴物业管理费,实际上是混淆了业主和业主委员会之间的权利义务。任意一个业主无权单独对物业管理公司的收费标准、物业管理费的使用和管理以及物业服务质量提出异议,业主无权以此作为对抗原告诉讼主张的抗辩事由。理由是:

首先,物业管理公司并不只是为某一个或几个业主单独提供服务,而是基于开发商的委托、全体业主的共同委托或代表全体业主共同利益的管委会的委托,为整个小区提供物业管理服务,物业管理公司与业主的合同关系并不是通常的一对一的合同关系,而是一对整体业主的合同关系。

其次,物业管理费是用于整个小区维护保养、维持小区正常持续运行所必须的费用,并非物业管理公司的经营性收入。如果允许任何一个业主任意以物业管理公司服务存在瑕疵或对物业管理费使用存在疑问为由拒付物业管理费,则必然导致物业管理费入不敷出,物业管理公司因缺乏资金对小区的维护管理将难以为继,这必然导致全体业主(包括欠费的业主)的共同利益遭受损害。

因此,任何业主无权单独向物业管理公司提出对各项收费标准、对物业管理费的使用和管理的异议，只"有权向物业管理委员会投诉或者向房屋土地管理机关反映"。同样，业主个人也无权以前述异议为抗辩理由拒绝缴纳物业管理费。

[案例6-12] 赠送部分收不收物业管理费，应以产权证为准。

2002年江先生购买的某小区25楼顶层三居室一套，开发商承诺赠送一个露台，而入住后物业公司却要求增加露台的签约面积收取物业费。江先生以当初与开发商签约时开发商没把露台部分计入销售面积，仅三居室建筑面积之和写进合同书，应按合同书中标明的建筑面积进行收费。物业管理公司的说法是，开发商与业主之间在售楼阶段达成的关于销售面积的让步不能影响到物业公司按实际面积收费。为此，江先生与物业管理公司针对赠送面积的物管费发生了纠纷。

[案例分析]

物业管理费的收取主要是根据买房人得到的产权证上的面积来收取，如果开发商在为买房人办理产权证时没有将所送面积进行专门的说明，那么在收取物业管理费的时候将按照未送面积之前的面积计算。现在很多房地产项目在促销的时候，采用送阳台、花园、阁楼、地下室的做法。这样一来，买房人只花房子本身的钱便可以得到额外的一部分面积。实践中，物管费的收取将直接取决于房产证上标明的面积。如果产权证上的面积没有将赠送的面积算上，买房人不用交纳这部分物业管理费。本案中江先生有权拒绝露台面积物管费是正确的。

相关判例

[判例1] 接受服务不交钱，业主判还物管费。

虽然合同期满，但业主陆先生仍接受了物业公司的管理服务，可是却拒绝交纳管理费。2003年12月11日，上海市闵行法院判令陆先生向物业公司支付拖欠的物业管理费721.8元。

两年前，利马物业公司与小区业主委员会签订了物业管理合同，约定2001年1月1日至2002年12月31日期间对小区进行物业管理服务，住宅物业管理费为每月每平方米0.5元。合同签订后，利马物业公司依约展开服务。时至今日，由于种种原因新的物业管理合同悬而未决，利马物业公司继续"留守"。然而没有合同，业主陆先生就认为物业公司的管理名不正言不顺。他在2003年3月支付了合同管理期内的物业管理费后，就不愿再交。物业公司便将陆先生告上法庭，要求支付拖欠的物业管理费和滞纳金。

法院审理后认为，物业公司与该小区形成了物业管理关系，其有权在依约履行了物业管理职责后按约收取管理费，由于合同期满后，其仍继续提供物业管理服务。因此与该小区形成事实上的物业管理关系，物业公司主张在此期间按 0.5 元/m^2 · 月计费，与该小区的服务档次相当，法院予以确认。由于物业公司未证实存在付款期限的相关约定，也未证实曾向业主陆先生催讨，法院对其偿付滞纳金诉请难以支持。

[判例 2] 南海市中旅集团公司诉讼广州市新建业物业管理有限公司物业管理费纠纷案。

上诉人（原审被告）：南海市中旅集团公司

被上诉人（原审原告）：广州市新建业物业管理有限公司

原审第三人：广州市惠城房地产发展有限公司

上诉人南海市中旅集团公司因物业管理费纠纷一案，不服广州市荔湾区人民法院（2002）荔法房初字第573号民事判决，向本院提起上诉。本院依法组成合议庭审理了本案，现已审理终结。

原审认为，被告与第三人签订的《房地产预售契约》及其附件是双方当事人的真实意思表示，且其内容没有违反国家法律的禁止性规定，是合法有效的。而且在《广东省物业管理条例》颁布实施前，被告与第三人在上述契约附件中已对物业管理问题有明确约定，该条款对双方当事人均有约束力。第三人依据该条款有权指定物业管理公司对惠城花园进行管理。现第三人委托原告管理惠城花园，没有违反其与被告在上述契约及附件中的约定，原告已取得《广州市物业管理企业资质证书》及《广东省经营服务性收费许可证》，具备物业管理的合法资质，其根据第三人的委托对惠城花园实行物业管理，履行了物业管理义务，按照权利义务对等的原则，原告有权收取物业管理费。现原告自愿将收费标准降至8元/m²，是可行的。被告已收取了商铺的钥匙并享受原告提供的物业管理服务，应向原告支付相关费用。被告以与原告没有直接法律关系且第三人没有取得综合验收手续为由，不同意支付管理费，与契约附件的约定不符，违反了公平、诚实信用的原则，不予支持。被告与第三人之间的债权债务关系，应另案处理。至于滞纳金，由于原、被告双方对此没有约定，故对原告该请求不予支持。据此，原审法院依照《中华人民共和国民法通则》第四条的规定，作出判决如下：① 被告南海市中旅集团公司自本判决发生法律效力之日起10日内，向原告广州市新建业物业管理有限公司交纳从1999年10月至2001年9月15日的物业管理费8018.33元；② 驳回原告广州市新建业物业管理有限公司的其他诉讼请求。本案受理费444元，由原告负担113元，被告负担331元。

判后，南海市中旅集团公司不服向本院提起上诉称：① 原判认定事实不清，未能查清物业是否通过综合验收；② 被上诉人系受原审第三人的委托而实施物业管理，上诉人因此有权选择委托人（原审第三人）为合同相对人；③ 上诉人对被上诉人的委托人（建设单位）享有巨额债权并愿意进行部分抵销。本案所涉及的案件没有经过综合验收。根据法律规定，综合验收是法律法规一贯强调必须具备的条件，根据国务院城市房地产开发经营管理条例第17条规定："经过验收才能交付使用。"1995年1月26日建设部的城市房地产经营管理办法第16条规定与国务院的规定一致，1998年12月23日的广州市政府颁布的广州市住宅小区综合验收管理办法第14条也同样如此规定。以及建设部关于加强房地产经营管理提高商品房质量的通知第3条也同样规定。综上所述，必须经过综合验收才能交付使用，未经综合验收不能交付使用。因此，上诉人要说明的是被上诉人的楼宇不具备条件交付使用，被上诉人所交付的房屋是不合法的，也是违约的，应视为其没有交付使用。由于综合验收没有办，根据广州市政府的《广州市新建物业住宅小区管理办法》第2条以及1998年生效的《广东省物业管理条例》第20条也规定了物业竣工以后综合验收之前的物业管理费应由发展商负责即本案第三人负担。由于前期物业管理费用由第三人负担，因此本案上诉人与原审第三人签订的《物业管理委托合同》，该合同只能约束原审第三人和被上诉人，不能直接约束到上诉人。原判认为上诉人已经同意原审第三人授权给广州市新建业物业管理有限公司收取物业管理费是错误的。另外，《物业管理委托合同》是广州市新建业物业管理有限公司以原审第三人的名义签订的，因此该合同不能约束到上诉人。另外，上诉人承担的物业管理费只能向原审第三人履行，由于上诉人与被上诉人没有直接的关系，因此上诉人只能向原审第三人缴纳该物业管理费。原判忽视了其抗辩理由，上诉人选择第三人（物业管理的委托人）为合同相对人，并对本案债务进行抵销的权利应当受到法律保护。要求撤销原审判决，驳回被上诉人的全部诉讼请求。

被上诉人新建业公司答辩称：① 上诉人称惠城花园没有通过综合验收，因此无须向物业管理公司缴纳物业管理费，被上诉人认为这是没有依据的。被上诉人认为上诉人所讲的综合验收问题实际上是发展商与业主在房屋买卖中的关系，与本案所争议的物业纠纷是不同的两个法律关系。上诉人所根据的物业管理条例以及广州市住宅综合验收的相关的规定都是1998年颁布的，而本案物业管理费的问题是在1998年之前作出的约定，因此上诉人引用的有关法规不能适用本案，也不能成为其主张不须缴纳物业管理费的理由。② 上诉人称本案物业管理公司与原审第三人以及上诉人之间的关系的理由是错误的。在这里明确三方的关系不仅要结合双方签订的合同来理解。实际上业主授权发展商去指定物业管理公司管理，在此前提下发展商根据该约定才与物业管理公司签订了合同，发展商履行的只是指定行为，因此在三方之间形成了管理与被管理的关系，根据法律规定，上诉人接受服务应该缴纳相应的物业管理费；③ 上诉人提到的有关债权问题，被上诉人认为其提到的巨额债权与本案的纠纷是不同的法律关系，应该由发展商与上诉人自行处理。故同意原审判决。

原审第三人惠城公司述称：① 原审认定事实清楚，适用法律正确，同意一审判决；② 房屋已交付使用；③ 上诉人与被上诉人、第三人之间有一合同约定，根据合同法规定，有约定的，要按照约定来履行，因此被上诉人具备主体资格；④ 其他的意见与被上诉人的意见一致。

经审理查明，1995年9月20日，上诉人南海中旅公司与原审第三人惠城公司签订《房地产预售契约》及其附件，约定上诉人向原审第三人购买广州市带河路惠城花园商业铺位二层2202号（建筑面积47.20m²）；上诉人同意原审第三人或由原审第三人所指定的公司为上述惠城花园的管理公司，负责管理该物业。1999年10月前，上诉人向原审第三人收取了该商铺钥匙。上诉人与被上诉人确认该商铺实测建筑面积42.6507m²。

1998年12月15日，被上诉人经广州市建设委员会批复同意成立并领取《广州市物业管理企业资质证书》。1999年1月，原审第三人委托被上诉人对广州市带河路1181—191号惠城花园的商场、住宅实行物业管理；委托期限自1999年1月15日起至2004年1月15日。该合同所写的签订日期为1998年8月31日，被上诉人与原审第三人均确认该合同是惠城公司先填写了日期，实际上是在被上诉人成立后才正式签订。同年1月15日，被上诉人与原审第三人办理了惠城花园物业接管手续，开始对惠城花园进行管理。

被上诉人于1999年6月11日领取了工商部门颁发的《企业法人营业执照》，其中注明该公司成立于1999年1月14日。同年11月16日，广州市物价局对被上诉人核发了

《广东省经营服务性收费许可证》。1999年11月8日，广州市物价局发出穗价函〔1999〕266号关于调整惠城花园物业管理收费标准的函，确定惠城花园物业管理综合服务费按二级调整为商场16元/m²。上诉人从1999年10月起欠付物业管理费。惠城公司已取得惠城花园的《工程质量认定书》，但未办理综合验收的手续。

上诉人在原审庭审中承认房屋已交付使用，但房屋没有经过综合验收。上诉人对上述事实无异议，但强调应查明惠城花园没有经过综合验收。

本院认为，上诉人南海中旅公司与原审第三人惠城公司签订的《房地产预售契约》及其附件，是双方当事人的真实意思表示，且内容没有违反国家法律的禁止性规定，是合法有效的。在该合同附件中双方当事人对物业管理问题有明确约定，该约定对双方当事人具有约束力。惠城公司据此有权委托新建业公司对惠城花园进行物业管理。

事实上，被上诉人新建业公司也依据其与原审第三人惠城公司签订的《物业管理委托合同》对惠城花园进行了物业管理，上诉人也接受了新建业公司的物业管理服务。原审第三人惠城公司之所以与被上诉人新建业公司签订该合同，各方当事人均应清楚，惠城公司的该行为是基于上诉人与惠城公司签订的《房地产预售契约》附件的约定：上诉人同意惠城公司或由惠城公司指定的管理公司负责管理该物业。因此，原审认定惠城公司有权指定物业管理公司管理惠城花园事实依据充分，是正确的。同时，上诉人同意由惠城公司指定的管理公司负责管理该物业的这一约定，符合《中华人民共和国合同法》第三百九十六条关于："委托合同是委托人和受托人约定，由受托人处理委托人事务的合同。"和《中华人民共和国合同法》第四百零二条关于："受托人以自己的名义，在委托人授权范围内与第三人订立的合同，第三人在订立合同时知道受托人与委托人之间的代理关系的，该合同直接约束委托人和第三人。"的相关规定，故《物业管理委托合同》对上诉人具有约束力。上诉人关于其与被上诉人没有直接的关系，只能向原审第三人缴纳物业管理费及由其选择受托人惠城公司为合同相对人的上诉理由与上述法律规定相悖。本院不予支持。

关于惠城花园没有综合验收，其交付房屋的行为是否合法的问题。各方当事人均承认，原审第三人惠城公司已早在1999年10月即将建好的房屋交付给上诉人，上诉人也接受并使用了房屋。而且，本案为物业管理费纠纷。本案争议的焦点是上诉人与被上诉人的物业管理费应否支付问题，调整的是上诉人与被上诉人之间的物业管理费这一财产关系。因此，上诉人上诉所称的其所购买的房屋没有进行综合验收即交付使用不合法，是上诉人与原审第三人的另一法律关系，本案对此不予调处，新建业公司具有物业管理的合法资质，其依据惠城公司的委托，履行了对惠城花园进行物业管理的义务，按照权利义务对等的原则，新建业公司享有收取物业管理费的权利。上诉人既然享受了被上诉人新建业公司的服务，就应向被上诉人支付相关的费用。基于上诉人与惠城公司签有协议，对物业管理有明确约定，该约定没有违反法律禁止性规定，而《广东省物业管理条例》属地方性法规，不属确认当事人约定无效的法律依据。按照"有约定从约定，无约定按法定"的民法基本原理，当事人的约定应优先适用，故上诉人对此的上诉本院不予支持。

至于上诉人提出的其对惠城公司享有巨额债权并愿意进行部分抵销的问题，鉴于三方当事人对此并没有明确的约定，被上诉人也不确认该抵销成立，惠城公司与新建业公司也并非同一主体，因此上诉人的该抵销属另一法律关系，本案亦不予调处。综上所述，上诉人的上诉理由缺乏事实及法律依据，其上诉请求本院不予支持，审查原审判决事实清楚、处理正确，依照《中华人民共和国民事诉讼法》第一百五十三条第一款第（一）项的规定，判决如下：驳回上诉，维持原判。

[判例3] 倪璐诉中海物业管理（上海）有限公司物业管理纠纷案。

上诉人倪璐因物业管理纠纷一案，不服上海市卢湾区人民法院（2000）卢民初字第1195号民事判决，向本院提起上诉，本院于2000年7月27日受理后，依法组成合议庭于2000年8月22日公开开庭审理了本案。上诉人倪璐的委托代理人左孝蓉，被上诉人中海物业管理（上海）有限公司的委托代理人单新宇到庭参加诉讼。本案现已审理终结。

原审判决认为，中海物业管理（上海）有限公司受海丽花园原业主委托，在海丽花园业主委员会成立前对海丽花园进行前期物业管理，前期物业管理服务费用，由物业出售人和买受人按房屋出售合同约定承担。现倪璐与上海海丽房地产有限公司所订立的《上海市内销商品房出售合同》中明确约定按管理公约规定分摊的物业管理费用应由倪璐承担，倪璐拒付物业管理费无合法依据。故对中海物业管理（上海）有限公司要求倪璐缴纳物业管理费及支付相应的滞纳金之请求予以准许。原审法院审理后于2000年6月20日依照《中华人民共和国民法通则》第一百一十一条、第一百一十二条之规定，作出判决：① 倪璐在本判决生效后十日内给付中海物业管理（上海）有限公司自1998年6月起至1998年12月止的物业管理费人民币1617元；② 倪璐在本判决生效后十日内给付中海物业管理（上海）有限公司物业管理费滞纳金人民币2474.01元。案件受理费人民币174元由倪璐负担。判决后，倪璐不服，向本院提起上诉。

倪璐上诉称，其虽在《住户交纳物业管理费承诺书》、《海丽花园管理公约承诺书》上签名，但并不表示对承诺书中关于交纳物业管理费的认同。原审法院以3‰计算滞纳金不公平，故要求撤销原判，对中海物业管理（上海）有限公司的诉讼请求不予支持。被上诉人中海物业管理（上海）有限公司则要求维持原判。

经审理查明，倪璐系本市打浦路80弄海丽花园2号楼32层F座业主，该房屋建筑面积$115.5m^2$。中海物业管理（上海）有限公司为海丽花园的物业管理公司。1997年12月26日，倪璐办理了海丽花园2号楼32层F座入住手续，并签署了《住户交纳物业管理费承诺书》、《海丽花园管理公约承诺》，倪璐承诺愿按管理公约规定，每月15日之前交纳当月物业管理费（以$2元/m^2$月核收），如逾期不交，按每逾期一日加付3‰的滞纳金。期间，中海物业管理（上海）有限公司受发展商上海海丽房地产有限公司委托对海丽花园进行前期物业管理。另查明，1998年2月28日，倪璐与上海海丽房地产有限公司签订了《上海市内销商品房出售合同》，该合同补充条款第3条约定：该物业交付之日起所产生的税费、水、电费及其他一切费用，其中包括《海丽花园》管理公约规定分摊的管理、维修、保养等费用均由倪璐负担。嗣后，倪璐因家中宠物丢失，对中海物业管理（上海）有限公司的服务质量表示不满，故拒付1998年6月至同年12月的物业管理费至今。中海物业管理（上海）有限公司遂于2000年3月29日具状诉至原审法院，请求判令倪璐立即偿付拖欠的物业管理费人民币1617元及计算至2000年2月的滞纳金人民币2474.01元。

本院认为，公民、法人合法的民事权益应受法律保护。倪璐于1997年12月26日在《住户交纳物业管理费承诺书》、《海丽花园管理公约承诺书》上签名，即表明对承诺书所有内容的接受。倪璐理应履行承诺书中规定的全部义务。中海物业管理（上海）有限公司经向倪璐多次催讨欠付的物业管理费未果的情况下，诉至法院请求法院判令倪璐偿付拖欠的物业管理费，并交纳滞纳金，理由正当，应予支持。倪璐以其虽在《住户交纳物业管理费承诺书》、《海丽花园管理公约承诺书》上签名，但并不表示对承诺书中关于交纳物业管理费的认同为由，不同意支付物业管理费，理由不成立。根据《上海市居住物业管理条例》第五十四条第二款之规定，业主未按规定交纳物业管理服务费用的，物业管理企业可以按日加收应交纳费用3‰的滞纳金。故倪璐又以原审法院判决其给付中海物业管理（上海）有限公司物业管理费按3‰计算不公平为由，不同意给付滞纳金，于法相悖。

综上所述，原审法院认定事实清楚，适用法律正确，所作判决并无不当。上诉人倪璐的上诉请求，缺乏依据，本院不予支持。据此，依照《中华人民共和国民事诉讼法》第一百五十三条第一款第一项之规定，判决如下：驳回上诉，维持原判。

[判例4] 吴某等2人诉上海南逸物业管理有限公司物业管理纠纷案。

上诉人吴某等2人因物业管理纠纷一案，不服上海市闵行区人民法院（2000）闵民初字第1465号民事判决，向本院提起上诉。本院于2000年8月15日立案，依法组成合议庭，于9月12日公开开庭审理了本案。上诉人吴某等2人及其委托代理人包更生，被上诉人上海南逸物业管理有限公司（以下简称南逸物业公司）的委托代理人何泽永、王放到庭参加诉讼。本案现已审理终结。

原审法院认定，南逸物业公司与南国花园业主委员会签订的《物业管理服务合同》合法有效，该业主委员会自1999年5月1日起聘请南逸物业公司对南国花园小区实施物业管理，该决定对全体业主具有约束力，吴某等2人理应遵守。吴某等2人所称其与南逸物业公司没有权利义务关系，与事实不符，不予采信。南逸物业公司所提供的物业管理服务虽有瑕疵，但不能成为吴某等2人拒付1999年7月起的物业管理费的理由。南逸物业公司依据《物业管理服务合同》及低于经有关物价管理部门审核、备案的收费标准即建筑面积0.80元/m^2要求吴某等2人给付1999年7月至2000年3月的物业管理费并放弃追索滞纳金，应予支持。原审法院遂于2000年6月27日根据《中华人民共和国民法通则》第八十四条、第一百零六条第一款之规定，作出判决：吴某等2人应于本判决生效之日起三日内给付南逸物业公司物业管理费人民币781.83元。

吴某等2人上诉称：南国花园业主委员会的产生程序不合法，故他们不承认业主委员会与南逸物业公司签订的《物业管理合同》，他们与南逸物业公司之间没有债权债务关系。南逸物业公司的资质等级为无级，所以该公司缺乏对南国花园的7万m^2小区实施物业管理的资质。原审法院认定南逸物业公司与业主委员会1999年4月23日签订《物业管理服务合同》与事实不符，南逸物业公司未在该合同上盖章。请求撤销原判，驳回南逸物业公司的诉讼请求。

被上诉人南逸物业公司辩称：上诉人吴某等2人的上诉理由与事实不符，原审法院所作判决正确，请求维持。

经审理查明，1996年7月，中国民用航空华东管理局与上海南国房地产开发有限公司签订了《上海市内销商品房出售合同》一份，该管理局向该房地产公司购买了座落本市七莘路3198弄南国花园内的商品房14套。其中33号704室（建筑面积108.59m^2）房屋，于1997年7月15日调配给吴某等夫妇2人居住使用。嗣后，吴润冠夫妇根据有关公房出售政策于1999年1月30日取得了该房屋的《上海市房地产权证》，权利人为吴润冠。1999年4月23日，南国花园业主委员会与南逸物业公司签订了《物业管理服务合同》，双方约定：南国花园业主委员会将七莘路3198弄（南国花园）委托南逸物业公司实行物业管理，南逸物业公司提供服务的受益人为本物业的全体业主和物业使用人，本物业的全体业主和物业使用人均应履行本合同；委托管理期限为2年，自1999年5月1日至2001年5月1日；物业管理服务费由南逸物业公司按建筑面积0.80元/m^2向业主收取，对业主和物业使用人逾期交纳物业管理费的南逸物业公司可以按日加收交纳费用3‰的滞纳金。该合同还加盖了上海南国房地产开发有限公司的公章。同年5月1日，南国花园业主委员会与南逸物业公司签订了一份协议，载明：南逸物业公司自1999年5月1日起正式为南国花园业主委员会聘用，原南宁物业公司、南国房地产开发有限公司物业管理部和业主所签协议自即日起移交南逸物业公司并继续有效。当月，南逸物业公司填写了由上海市物价局印制的《上海市物业管理服务收费备案、审核表》，确定物业管理费标准为：非电梯房建筑面积0.93元/m^2，电梯房为1.23元/m^2。有业主委员会、南逸物业公司的上级单位上海南国房地产开发有限公司、闵行区物价局盖章。另查明，吴某等2人按0.80元/m^2·月缴纳了1999年6月30日前的物业管理费，以后南逸物业公司经催缴未着，遂于2000年3月22日具状诉至法院，请求判令吴某等2人按每平方米建筑面积1.20元缴纳1999年7月至2000年3月的物业管理费，共计人民币1172.76元及滞纳金320.58元。在原审法院庭审中，南逸物业公司表示放弃追索滞纳金，并要求吴某等2人按0.80元/m^2·月缴纳物业管理费，共计781.83元。吴某等2人则认为，其入住的房屋有严重的渗漏和霉变，不具备居住的基本条件，南逸物业公司对其报修置之不理。其与南逸物业公司间没有权利义务关系等，不同意支付物业管理费。

另查明，本院审理中，上诉人吴某等2人为其上诉主张，当庭提供了：① 包更生律师于2000年6月27日向原南国花园业主委员会专职秘书陶福淼所作调查笔录，以证明1999年4月23日南国花园业主委员会签订的《物业管理服务合同》没有南逸物业公司盖章；② 1999年4月12日上海市房屋土地管理局向南逸物业公司核发的资质证书，以证明南逸物业公司的资质等级为无级。被上诉人南逸物业公司认为，该公司于1999年3月22日取得营业执照，1999年3月24日的《物业管理服务合同》上有该公司盖章，该事实有其向物价部门申报的材料及1999年5月1日业主委员会与其签订的协议相印证。资质等级与本案物业管理费纠纷没有关系。

本院认为：为规范本市居住物业的使用、维修和其他管理服务活动，维护业主、使用人和物业管理企业的合法权益，1997年5月28日上海市第十届人民代表大会常务委员会第三十六次会议通过了《上海市居住物业管理条例》，其中第十六条第一款中规定：业主委员会作出的决定，对物业管理区域内全体业主、使用人具有约束力。第二十四条第一款规定：物业管理服务费由物业管理企业按照物业管理服务合同的约定向业主收取。第五十四条第二款规定：业主、使用人未按照物业管理服务合同交纳物业管理服务费用的，物业管理企业可以按日加收应交纳费用3‰的滞纳金或者按约定加收滞纳金。吴某等2人现以南逸物业公司的物业管理不善、业主委员会产生的程序不合法、南逸物业公司缺乏管理资质等为由，拒付物业管理服务费与上述规定不符，且南逸物业公司已经放弃追索滞纳金，物业管理费的计算上也作出相应的让步，上诉人吴某等2人坚持拒付物业管理服务费理由不足。

关于双方争议的南逸物业公司未在《物业管理服务合同》上盖章一节，由于1999年5月1日业主委员会与南逸物业公司又签订一份协议，明确自1999年5月1日起南逸物业公司正式被该业主委员会聘用，以及向闵行区物价局申报的物业管理费标准亦由南逸物业公司所为，可以证明南逸物业公司为南国花园小区的物业管理实施单位。至于吴某等2人提出的物业管理质量及业主委员会产生的合法性问题，均可另觅途径解决，不属本案处理范围。

综上所述，原审法院认定事实清楚，适用法律正确，所作判决并无不当。上诉人吴某等2人的上诉请求，缺乏依据，本院不予支持。据此，根据《中华人民共和国民事诉讼法》第一百五十三条第一款第一项之规定，判决如下：驳回上诉，维持原判。

[判例5] 朱美娣诉上海中星集团申城物业有限公司物业管理纠纷案。

上诉人朱美娣因物业管理一案，不服上海市长宁区人民法院（1999）长民初字第1818号民事判决，向本院提起上诉。本院于2000年5月30日立案，依法组成合议庭，于2000年7月5日公开开庭审理了本案。上诉人朱美娣及其委托代理人吴益民，被上诉人上海中星集团申城物业有限公司（以下简称申城物业公司）的委托代理人顾明侠、王晓萍到庭参加诉讼。本案现已审理终结。

原审法院认定：1993年5月29日，朱美娣购置了本市茅台路500弄2号楼608室（建筑面积为79.53m^2）房屋。同年6月11日，朱美娣将该房委托申城物业公司进行物业管理，并与之签订了《房屋委托管理合同》。合同约定：申城物业公司在接受委托管理后对房屋的产业、租赁、修理等项目进行统一管理，朱美娣应积极配合；由于大楼产权性质较复杂，给管理和维修带来很大难度，申城物业公司的管理和修理费用严重不足，经双方商定，朱美娣愿意以130元/m^2支付给申城物业公司作"维修、管理补贴费"，由申城物业公司包干使用十年，合计人民币9460.10元；"维修、管理补贴费"只能使用在公用部位的修理和管理上，公用部位的划分界线是以各分户门为界，分户门以外的均为公用部位，公用部位的一切设备和设施、结构均由申城物业公司统一管理和维修（包括街坊总体中的一切事宜）。申城物业公司必须保证公用设备和设施的正常运行，结构必须保持完好，使大楼各部位都能发挥正常的使用功能；申城物业公司以"管理费"形式每月收取朱美娣人民币23.90元，一并作维修、管理包干使用；朱美娣有依约向申城物业公司按期交付管理费的义务，逾期交付超过一个月的，应偿付管理费月金额的20%违约金，并补交应付管理费等。签约后，朱美娣按约一次性给付申城物业公司房屋维修、管理补贴费人民币9460.10元，并在1994年6月前按月支付申城物业公司管理费23.90元。自1994年7月起，朱美娣以物业管理不善等为由拒付管理费。1995年5月18日，朱美娣所在小区茅台花苑业主管理委员会成立。茅台花苑业主管理委员会代表业主与申城物业公司签订了物业管理合同。但对上述合同的终止未作明确。

茅台路500弄茅台花苑保安保洁工作原由茅台花苑居民委员会负责并收取费用。1997年7月1日，茅台花苑居民委员会依据有关政策将保安保洁工作移交给申城物业公司，并由申城物业公司收取费用，保安保洁费每月为人民币5元。1998年1月1日，因朱美娣所在茅台路500弄2号楼的业主要求，为加强该大楼的保安保洁工作，保安保洁费用每月调整至人民币12元。另查，为朱美娣等茅台路500弄2号楼业主未支付管理费等，上海市长宁区房屋土地管理局曾多次主持申城物业公司与业主调解，均未结果。申城物业公司遂于1999年7月6日诉至法院，请求判令朱美娣给付物业管理费1862.44元，保安保洁费890.32元，电梯水泵运行费1134.44元，并按日3‰支付滞纳金。

原审法院于2000年4月27日作出判决：① 朱美娣应给付申城物业公司自1994年7月起至1999年11月止的管理费人民币1553.50元及支付违约金人民币310.70元；② 朱美娣应给付申城物业公司自1997年7月起至1999年11月止的保安保洁费人民币358元及支付滞纳金人民币513.63元；③ 申城物业公司的其余诉讼请求不予支持。上述第一、二条款，朱美娣应于本判决生效之日起7日内履行。案件受理费人民币260.04元，由申城物业公司承担人民币212.75元，朱美娣承担人民币47.29元。判决后，朱美娣上诉称，其所签订的委托物业管理合同约定收取十年的管理费，违反《上海市居住物业管理条例》的规定，应认定为无效合同。由于申城物业公司物业管理不善，故自己只应承担50%的管理费，亦不应承担违约金。保安保洁费应包括在管理费中，不应另行支付该费用，也不同意承担滞纳金，要求撤销原判。申城物业公司则辩称，其提供的物业管理不存在管理不善，朱美娣与其签订的《房屋委托管理合同》是合法、有效的，朱美娣应按约支付管理费，且合同明确保安保洁费不包括在管理费中，朱美娣原一直向茅台花苑居民委员会支付该费用，故要求维持原判。经审理查明，上海申城物业公司现更名为上海中星集团申城物业有限公司。

另查明，朱美娣为证明申城物业公司物业管理不善，提供证据：① 现场照片；② 茅台花苑居民关于其1994年11月在乘座电梯时，电梯失控事实的证言；③ 1997年8月《新闻报》有关茅台花苑对包干费中途调整是否合理的文章；④ 1998年2月《华侨报》登载茅台花苑2号楼地下积水及预收10年包干费问题的文章。申城物业公司认为，朱美娣所提供照片并非其物业管理范围，对积水问题当时已排除，电梯未发生失控，该4份证据并不能证明其物业管理不善。对朱美娣提供其与茅台花苑居民另行支付保洁保安费的单据，申城物业公司无异议，认为朱美娣系因原支付茅台花苑居委会的保安保洁费用不够而自行予以给付。

又查明，原审法院认定事实无误。对朱美娣所提供证据①因该照片无法证明是申城物业公司物业管理范围，故该证据不予采信，对证据②、③、④，因朱美娣于1994年7月起拒付物业管理费，而现所提供证据仅证明1994年11月及1997年8月、1998年2月的物业管理问题，故该证据不具证明力，本院不予采纳。以上事实，由当事人陈述，《房屋买卖合同》、《房屋委托管理合同》、"联建公助"房屋分估面积测量表、《物业委托管理合同》、《关于茅台花苑物业管理座谈纪要》、茅台路500弄2号楼业主要求增开电梯的报告等证据佐证。

本院认为，公民、法人合法的权益受法律保护。朱美娣、申城物业公司就本市茅台路500弄2号楼608室所签订的《房屋委托管理合同》的日期在1993年6月，该合同系双方真实意思表示，且不违反当时的有关规定，朱美娣认为该合同违反1997年7月1日施行的《上海市居住物业管理条例》第二十四条第三款关于"物业管理服务费用经约定可以预收，预收期限不得超过3个月。"的规定，但鉴于双方合同约定在先，故对此付款期限应从双方的约定，《上海市居住物业管理条例》对此无溯及力。朱美娣以此为由主张上述合同无效，缺乏依据。朱美娣理应按照合同约定支付物业管理费及滞纳金。申城物业公司要求朱美娣支付物业管理费及违约金，于法有据。至于保安保洁费，因双方物业管理合同约定的管理费中不包括该费用，朱美娣亦一直支付该费用，在申城物业公司接受移交后，朱美娣不同意支付，亦缺乏相应依据。鉴于申城物业公司对朱美娣应支付的上述费用一直连续催讨，故朱美娣应支付该费用及逾期支付的滞纳金。原审法院根据查明的事实所作判决并无不当。朱美娣以申城物业公司物业管理不善，只同意支付50%的管理费无依据，朱美娣的上诉要求，本院不予支持。据此，依照《中华人民共和国民事诉讼法》第一百五十三条第一款第一项之规定，判决如下：驳回上诉，维持原判。

思 考 题

1. 物业管理公司如何消除收取物业管理费的阻力？
2. 业主拒交管理费物业管理公司该如何应对？

附录 1

物业管理条例

(2003 年 5 月 28 日国务院第 9 次常务会议通过,
自 2003 年 9 月 1 日起施行)

第一章 总 则

第一条 为了规范物业管理活动,维护业主和物业管理企业的合法权益,改善人民群众的生活和工作环境,制定本条例。

第二条 本条例所称物业管理,是指业主通过选聘物业管理企业,由业主和物业管理企业按照物业服务合同约定,对房屋及配套的设施设备和相关场地进行维修、养护、管理,维护相关区域内的环境卫生和秩序的活动。

第三条 国家提倡业主通过公开、公平、公正的市场竞争机制选择物业管理企业。

第四条 国家鼓励物业管理采用新技术、新方法,依靠科技进步提高管理和服务水平。

第五条 国务院建设行政主管部门负责全国物业管理活动的监督管理工作。

县级以上地方人民政府房地产行政主管部门负责本行政区域内物业管理活动的监督管理工作。

第二章 业主及业主大会

第六条 房屋的所有权人为业主。

业主在物业管理活动中,享有下列权利:

(一) 按照物业服务合同的约定,接受物业管理企业提供的服务;

(二) 提议召开业主大会会议,并就物业管理的有关事项提出建议;

(三) 提出制定和修改业主公约、业主大会议事规则的建议;

(四) 参加业主大会会议,行使投票权;

(五) 选举业主委员会委员,并享有被选举权;

(六) 监督业主委员会的工作;

(七) 监督物业管理企业履行物业服务合同;

(八) 对物业共用部位、共用设施设备和相关场地使用情况享有知情权和监督权;

(九) 监督物业共用部位、共用设施设备专项维修资金(以下简称专项维修资金)的管理和使用;

(十) 法律、法规规定的其他权利。

第七条 业主在物业管理活动中,履行下列义务:

(一) 遵守业主公约、业主大会议事规则;

(二) 遵守物业管理区域内物业共用部位和共用设施设备的使用、公共秩序和环境卫生的维护等方面的规章制度；

（三）执行业主大会的决定和业主大会授权业主委员会作出的决定；

（四）按照国家有关规定交纳专项维修资金；

（五）按时交纳物业服务费用；

（六）法律、法规规定的其他义务。

第八条 物业管理区域内全体业主组成业主大会。

业主大会应当代表和维护物业管理区域内全体业主在物业管理活动中的合法权益。

第九条 一个物业管理区域成立一个业主大会。

物业管理区域的划分应当考虑物业的共用设施设备、建筑物规模、社区建设等因素。具体办法由省、自治区、直辖市制定。

第十条 同一个物业管理区域内的业主，应当在物业所在地的区、县人民政府房地产行政主管部门的指导下成立业主大会，并选举产生业主委员会。但是，只有一个业主的，或者业主人数较少且经全体业主一致同意，决定不成立业主大会的，由业主共同履行业主大会、业主委员会职责。

业主在首次业主大会会议上的投票权，根据业主拥有物业的建筑面积、住宅套数等因素确定。具体办法由省、自治区、直辖市制定。

第十一条 业主大会履行下列职责：

（一）制定、修改业主公约和业主大会议事规则；

（二）选举、更换业主委员会委员，监督业主委员会的工作；

（三）选聘、解聘物业管理企业；

（四）决定专项维修资金使用、续筹方案，并监督实施；

（五）制定、修改物业管理区域内物业共用部位和共用设施设备的使用、公共秩序和环境卫生的维护等方面的规章制度；

（六）法律、法规或者业主大会议事规则规定的其他有关物业管理的职责。

第十二条 业主大会会议可以采用集体讨论的形式，也可以采用书面征求意见的形式；但应当有物业管理区域内持有1/2以上投票权的业主参加。

业主可以委托代理人参加业主大会会议。

业主大会作出决定，必须经与会业主所持投票权1/2以上通过。业主大会作出制定和修改业主公约、业主大会议事规则，选聘和解聘物业管理企业，专项维修资金使用和续筹方案的决定，必须经物业管理区域内全体业主所持投票权2/3以上通过。

业主大会的决定对物业管理区域内的全体业主具有约束力。

第十三条 业主大会会议分为定期会议和临时会议。

业主大会定期会议应当按照业主大会议事规则的规定召开。经20%以上的业主提议，业主委员会应当组织召开业主大会临时会议。

第十四条 召开业主大会会议，应当于会议召开15日以前通知全体业主。

住宅小区的业主大会会议，应当同时告知相关的居民委员会。

业主委员会应当做好业主大会会议记录。

第十五条 业主委员会是业主大会的执行机构，履行下列职责：

（一）召集业主大会会议，报告物业管理的实施情况；

（二）代表业主与业主大会选聘的物业管理企业签订物业服务合同；

（三）及时了解业主、物业使用人的意见和建议，监督和协助物业管理企业履行物业服务合同；

（四）监督业主公约的实施；

（五）业主大会赋予的其他职责。

第十六条 业主委员会应当自选举产生之日起 30 日内，向物业所在地的区、县人民政府房地产行政主管部门备案。

业主委员会委员应当由热心公益事业、责任心强、具有一定组织能力的业主担任。

业主委员会主任、副主任在业主委员会委员中推选产生。

第十七条 业主公约应当对有关物业的使用、维护、管理，业主的共同利益，业主应当履行的义务，违反公约应当承担的责任等事项依法作出约定。

业主公约对全体业主具有约束力。

第十八条 业主大会议事规则应当就业主大会的议事方式、表决程序、业主投票权确定办法、业主委员会的组成和委员任期等事项作出约定。

第十九条 业主大会、业主委员会应当依法履行职责，不得作出与物业管理无关的决定，不得从事与物业管理无关的活动。

业主大会、业主委员会作出的决定违反法律、法规的，物业所在地的区、县人民政府房地产行政主管部门，应当责令限期改正或者撤销其决定，并通告全体业主。

第二十条 业主大会、业主委员会应当配合公安机关，与居民委员会相互协作，共同做好维护物业管理区域内的社会治安等相关工作。

在物业管理区域内，业主大会、业主委员会应当积极配合相关居民委员会依法履行自治管理职责，支持居民委员会开展工作，并接受其指导和监督。

住宅小区的业主大会、业主委员会作出的决定，应当告知相关的居民委员会，并认真听取居民委员会的建议。

第三章 前期物业管理

第二十一条 在业主、业主大会选聘物业管理企业之前，建设单位选聘物业管理企业的，应当签订书面的前期物业服务合同。

第二十二条 建设单位应当在销售物业之前，制定业主临时公约，对有关物业的使用、维护、管理，业主的共同利益，业主应当履行的义务，违反公约应当承担的责任等事项依法作出约定。

建设单位制定的业主临时公约，不得侵害物业买受人的合法权益。

第二十三条 建设单位应当在物业销售前将业主临时公约向物业买受人明示，并予以说明。

物业买受人在与建设单位签订物业买卖合同时，应当对遵守业主临时公约予以书面承诺。

第二十四条 国家提倡建设单位按照房地产开发与物业管理相分离的原则，通过招投标的方式选聘具有相应资质的物业管理企业。

住宅物业的建设单位，应当通过招投标的方式选聘具有相应资质的物业管理企业；投标人少于3个或者住宅规模较小的，经物业所在地的区、县人民政府房地产行政主管部门批准，可以采用协议方式选聘具有相应资质的物业管理企业。

第二十五条 建设单位与物业买受人签订的买卖合同应当包含前期物业服务合同约定的内容。

第二十六条 前期物业服务合同可以约定期限；但是，期限未满、业主委员会与物业管理企业签订的物业服务合同生效的，前期物业服务合同终止。

第二十七条 业主依法享有的物业共用部位、共用设施设备的所有权或者使用权，建设单位不得擅自处分。

第二十八条 物业管理企业承接物业时，应当对物业共用部位、共用设施设备进行查验。

第二十九条 在办理物业承接验收手续时，建设单位应当向物业管理企业移交下列资料：

（一）竣工总平面图，单体建筑、结构、设备竣工图，配套设施、地下管网工程竣工图等竣工验收资料；

（二）设施设备的安装、使用和维护保养等技术资料；

（三）物业质量保修文件和物业使用说明文件；

（四）物业管理所必需的其他资料。

物业管理企业应当在前期物业服务合同终止时将上述资料移交给业主委员会。

第三十条 建设单位应当按照规定在物业管理区域内配置必要的物业管理用房。

第三十一条 建设单位应当按照国家规定的保修期限和保修范围，承担物业的保修责任。

第四章 物业管理服务

第三十二条 从事物业管理活动的企业应当具有独立的法人资格。

国家对从事物业管理活动的企业实行资质管理制度。具体办法由国务院建设行政主管部门制定。

第三十三条 从事物业管理的人员应当按照国家有关规定，取得职业资格证书。

第三十四条 一个物业管理区域由一个物业管理企业实施物业管理。

第三十五条 业主委员会应当与业主大会选聘的物业管理企业订立书面的物业服务合同。

物业服务合同应当对物业管理事项、服务质量、服务费用、双方的权利义务、专项维修资金的管理与使用、物业管理用房、合同期限、违约责任等内容进行约定。

第三十六条 物业管理企业应当按照物业服务合同的约定，提供相应的服务。

物业管理企业未能履行物业服务合同的约定，导致业主人身、财产安全受到损害的，应当依法承担相应的法律责任。

第三十七条 物业管理企业承接物业时，应当与业主委员会办理物业验收手续。

业主委员会应当向物业管理企业移交本条例第二十九条第一款规定的资料。

第三十八条 物业管理用房的所有权依法属于业主。未经业主大会同意，物业管理企业不得改变物业管理用房的用途。

第三十九条　物业服务合同终止时，物业管理企业应当将物业管理用房和本条例第二十九条第一款规定的资料交还给业主委员会。

物业服务合同终止时，业主大会选聘了新的物业管理企业的，物业管理企业之间应当做好交接工作。

第四十条　物业管理企业可以将物业管理区域内的专项服务业务委托给专业性服务企业，但不得将该区域内的全部物业管理一并委托给他人。

第四十一条　物业服务收费应当遵循合理、公开以及费用与服务水平相适应的原则，区别不同物业的性质和特点，由业主和物业管理企业按照国务院价格主管部门会同国务院建设行政主管部门制定的物业服务收费办法，在物业服务合同中约定。

第四十二条　业主应当根据物业服务合同的约定交纳物业服务费用。业主与物业使用人约定由物业使用人交纳物业服务费用的，从其约定，业主负连带交纳责任。

已竣工但尚未出售或者尚未交给物业买受人的物业，物业服务费用由建设单位交纳。

第四十三条　县级以上人民政府价格主管部门会同同级房地产行政主管部门，应当加强对物业服务收费的监督。

第四十四条　物业管理企业可以根据业主的委托提供物业服务合同约定以外的服务项目，服务报酬由双方约定。

第四十五条　物业管理区域内，供水、供电、供气、供热、通讯、有线电视等单位应当向最终用户收取有关费用。

物业管理企业接受委托代收前款费用的，不得向业主收取手续费等额外费用。

第四十六条　对物业管理区域内违反有关治安、环保、物业装饰装修和使用等方面法律、法规规定的行为，物业管理企业应当制止，并及时向有关行政管理部门报告。

有关行政管理部门在接到物业管理企业的报告后，应当依法对违法行为予以制止或者依法处理。

第四十七条　物业管理企业应当协助做好物业管理区域内的安全防范工作。发生安全事故时，物业管理企业在采取应急措施的同时，应当及时向有关行政管理部门报告，协助做好救助工作。

物业管理企业雇请保安人员的，应当遵守国家有关规定。保安人员在维护物业管理区域内的公共秩序时，应当履行职责，不得侵害公民的合法权益。

第四十八条　物业使用人在物业管理活动中的权利义务由业主和物业使用人约定，但不得违反法律、法规和业主公约的有关规定。

物业使用人违反本条例和业主公约的规定，有关业主应当承担连带责任。

第四十九条　县级以上地方人民政府房地产行政主管部门应当及时处理业主、业主委员会、物业使用人和物业管理企业在物业管理活动中的投诉。

第五章　物业的使用与维护

第五十条　物业管理区域内按照规划建设的公共建筑和共用设施，不得改变用途。

业主依法确需改变公共建筑和共用设施用途的，应当在依法办理有关手续后告知物业管理企业；物业管理企业确需改变公共建筑和共用设施用途的，应当提请业主大会讨论决定同意后，由业主依法办理有关手续。

第五十一条 业主、物业管理企业不得擅自占用、挖掘物业管理区域内的道路、场地，损害业主的共同利益。

因维修物业或者公共利益，业主确需临时占用、挖掘道路、场地的，应当征得业主委员会和物业管理企业的同意；物业管理企业确需临时占用、挖掘道路、场地的，应当征得业主委员会的同意。

业主、物业管理企业应当将临时占用、挖掘的道路、场地，在约定期限内恢复原状。

第五十二条 供水、供电、供气、供热、通讯、有线电视等单位，应当依法承担物业管理区域内相关管线和设施设备维修、养护的责任。

前款规定的单位因维修、养护等需要，临时占用、挖掘道路、场地的，应当及时恢复原状。

第五十三条 业主需要装饰装修房屋的，应当事先告知物业管理企业。

物业管理企业应当将房屋装饰装修中的禁止行为和注意事项告知业主。

第五十四条 住宅物业、住宅小区内的非住宅物业或者与单幢住宅楼结构相连的非住宅物业的业主，应当按照国家有关规定交纳专项维修资金。

专项维修资金属业主所有，专用于物业保修期满后物业共用部位、共用设施设备的维修和更新、改造，不得挪作他用。

专项维修资金收取、使用、管理的办法由国务院建设行政主管部门会同国务院财政部门制定。

第五十五条 利用物业共用部位、共用设施设备进行经营的，应当在征得相关业主、业主大会、物业管理企业的同意后，按照规定办理有关手续。业主所得收益应当主要用于补充专项维修资金，也可以按照业主大会的决定使用。

第五十六条 物业存在安全隐患，危及公共利益及他人合法权益时，责任人应当及时维修养护，有关业主应当给予配合。

责任人不履行维修养护义务的，经业主大会同意，可以由物业管理企业维修养护，费用由责任人承担。

第六章 法律责任

第五十七条 违反本条例的规定，住宅物业的建设单位未通过招投标的方式选聘物业管理企业或者未经批准，擅自采用协议方式选聘物业管理企业的，由县级以上地方人民政府房地产行政主管部门责令限期改正，给予警告，可以并处10万元以下的罚款。

第五十八条 违反本条例的规定，建设单位擅自处分属于业主的物业共用部位、共用设施设备的所有权或者使用权的，由县级以上地方人民政府房地产行政主管部门处5万元以上20万元以下的罚款；给业主造成损失的，依法承担赔偿责任。

第五十九条 违反本条例的规定，不移交有关资料的，由县级以上地方人民政府房地产行政主管部门责令限期改正；逾期仍不移交有关资料的，对建设单位、物业管理企业予以通报，处1万元以上10万元以下的罚款。

第六十条 违反本条例的规定，未取得资质证书从事物业管理的，由县级以上地方人民政府房地产行政主管部门没收违法所得，并处5万元以上20万元以下的罚款；给业主造成损失的，依法承担赔偿责任。

以欺骗手段取得资质证书的，依照本条第一款规定处罚，并由颁发资质证书的部门吊销资质证书。

第六十一条 违反本条例的规定，物业管理企业聘用未取得物业管理职业资格证书的人员从事物业管理活动的，由县级以上地方人民政府房地产行政主管部门责令停止违法行为，处5万元以上20万元以下的罚款；给业主造成损失的，依法承担赔偿责任。

第六十二条 违反本条例的规定，物业管理企业将一个物业管理区域内的全部物业管理一并委托给他人的，由县级以上地方人民政府房地产行政主管部门责令限期改正，处委托合同价款30%以上50%以下的罚款；情节严重的，由颁发资质证书的部门吊销资质证书。委托所得收益，用于物业管理区域内物业共用部位、共用设施设备的维修、养护，剩余部分按照业主大会的决定使用；给业主造成损失的，依法承担赔偿责任。

第六十三条 违反本条例的规定，挪用专项维修资金的，由县级以上地方人民政府房地产行政主管部门追回挪用的专项维修资金，给予警告，没收违法所得，可以并处挪用数额2倍以下的罚款；物业管理企业挪用专项维修资金，情节严重的，并由颁发资质证书的部门吊销资质证书；构成犯罪的，依法追究直接负责的主管人员和其他直接责任人员的刑事责任。

第六十四条 违反本条例的规定，建设单位在物业管理区域内不按照规定配置必要的物业管理用房的，由县级以上地方人民政府房地产行政主管部门责令限期改正，给予警告，没收违法所得，并处10万元以上50万元以下的罚款。

第六十五条 违反本条例的规定，未经业主大会同意，物业管理企业擅自改变物业管理用房用途的，由县级以上地方人民政府房地产行政主管部门责令限期改正，给予警告，并处1万元以上10万元以下的罚款；有收益的，所得收益用于物业管理区域内物业共用部位、共用设施设备的维修、养护，剩余部分按照业主大会的决定使用。

第六十六条 违反本条例的规定，有下列行为之一的，由县级以上地方人民政府房地产行政主管部门责令限期改正，给予警告，并按照本条第二款的规定处以罚款；所得收益，用于物业管理区域内物业共用部位、共用设施设备的维修、养护，剩余部分按照业主大会的决定使用：

（一）擅自改变物业管理区域内按照规划建设的公共建筑和共用设施用途的；

（二）擅自占用、挖掘物业管理区域内道路、场地，损害业主共同利益的；

（三）擅自利用物业共用部位、共用设施设备进行经营的。

个人有前款规定行为之一的，处1000元以上1万元以下的罚款；单位有前款规定行为之一的，处5万元以上20万元以下的罚款。

第六十七条 违反物业服务合同约定，业主逾期不交纳物业服务费用的，业主委员会应当督促其限期交纳；逾期仍不交纳的，物业管理企业可以向人民法院起诉。

第六十八条 业主以业主大会或者业主委员会的名义，从事违反法律、法规的活动，构成犯罪的，依法追究刑事责任；尚不构成犯罪的，依法给予治安管理处罚。

第六十九条 违反本条例的规定，国务院建设行政主管部门、县级以上地方人民政府房地产行政主管部门或者其他有关行政管理部门的工作人员利用职务上的便利，收受他人财物或者其他好处，不依法履行监督管理职责，或者发现违法行为不予查处，构成犯罪的，依法追究刑事责任；尚不构成犯罪的，依法给予行政处分。

第七章　附　　则

第七十条　本条例自 2003 年 9 月 1 日起施行。

附录2

前期物业管理招标投标管理暂行办法

(建设部 建住房〔2003〕130号发布,2003年9月1日起施行)

第一章 总 则

第一条 为了规范前期物业管理招标投标活动,保护招标投标当事人的合法权益,促进物业管理市场的公平竞争,制定本办法。

第二条 前期物业管理,是指在业主、业主大会选聘物业管理企业之前,由建设单位选聘物业管理企业实施的物业管理。

建设单位通过招投标的方式选聘具有相应资质的物业管理企业和行政主管部门对物业管理招投标活动实施监督管理,适用本办法。

第三条 住宅及同一物业管理区域内非住宅的建设单位,应当通过招投标的方式选聘具有相应资质的物业管理企业;投标人少于3个或者住宅规模较小的,经物业所在地的区、县人民政府房地产行政主管部门批准,可以采用协议方式选聘具有相应资质的物业管理企业。

国家提倡其他物业的建设单位通过招投标的方式,选聘具有相应资质的物业管理企业。

第四条 前期物业管理招标投标应当遵循公开、公平、公正和诚实信用的原则。

第五条 国务院建设行政主管部门负责全国物业管理招标投标活动的监督管理。

省、自治区人民政府建设行政主管部门负责本行政区域内物业管理招标投标活动的监督管理。

直辖市、市、县人民政府房地产行政主管部门负责本行政区域内物业管理招标投标活动的监督管理。

第六条 任何单位和个人不得违反法律、行政法规规定,限制或者排斥具备投标资格的物业管理企业参加投标,不得以任何方式非法干涉物业管理招标投标活动。

第二章 招 标

第七条 本办法所称招标人是指依法进行前期物业管理招标的物业建设单位。

前期物业管理招标由招标人依法组织实施。招标人不得以不合理条件限制或者排斥潜在投标人,不得对潜在投标人实行歧视待遇,不得对潜在投标人提出与招标物业管理项目实际要求不符的过高的资格等要求。

第八条 前期物业管理招标分为公开招标和邀请招标。

招标人采取公开招标方式的,应当在公共媒介上发布招标公告,并同时在中国住宅与房地产信息网和中国物业管理协会网上发布免费招标公告。

招标公告应当载明招标人的名称和地址,招标项目的基本情况以及获取招标文件的办法等事项。

招标人采取邀请招标方式的，应当向3个以上物业管理企业发出投标邀请书，投标邀请书应当包含前款规定的事项。

第九条 招标人可以委托招标代理机构办理招标事宜；有能力组织和实施招标活动的，也可以自行组织实施招标活动。

物业管理招标代理机构应当在招标人委托的范围内办理招标事宜，并遵守本办法对招标人的有关规定。

第十条 招标人应当根据物业管理项目的特点和需要，在招标前完成招标文件的编制。

招标文件应包括以下内容：

（一）招标人及招标项目简介，包括招标人名称、地址、联系方式、项目基本情况、物业管理用房的配备情况等；

（二）物业管理服务内容及要求，包括服务内容、服务标准等；

（三）对投标人及投标书的要求，包括投标人的资格、投标书的格式、主要内容等；

（四）评标标准和评标方法；

（五）招标活动方案，包括招标组织机构、开标时间及地点等；

（六）物业服务合同的签订说明；

（七）其他事项的说明及法律法规规定的其他内容。

第十一条 招标人应当在发布招标公告或者发出投标邀请书的10日前，提交以下材料报物业项目所在地的县级以上地方人民政府房地产行政主管部门备案：

（一）与物业管理有关的物业项目开发建设的政府批件；

（二）招标公告或者招标邀请书；

（三）招标文件；

（四）法律、法规规定的其他材料。

房地产行政主管部门发现招标有违反法律、法规规定的，应当及时责令招标人改正。

第十二条 公开招标的招标人可以根据招标文件的规定，对投标申请人进行资格预审。

实行投标资格预审的物业管理项目，招标人应当在招标公告或者投标邀请书中载明资格预审的条件和获取资格预审文件的办法。

资格预审文件一般应当包括资格预审申请书格式、申请人须知，以及需要投标申请人提供的企业资格文件、业绩、技术装备、财务状况和拟派出的项目负责人与主要管理人员的简历、业绩等证明材料。

第十三条 经资格预审后，公开招标的招标人应当向资格预审合格的投标申请人发出资格预审合格通知书，告知获取招标文件的时间、地点和方法，并同时向资格不合格的投标申请人告知资格预审结果。

在资格预审合格的投标申请人过多时，可以由招标人从中选择不少于5家资格预审合格的投标申请人。

第十四条 招标人应当确定投标人编制投标文件所需要的合理时间。公开招标的物业管理项目，自招标文件发出之日起至投标人提交投标文件截止之日止，最短不得少于20日。

第十五条 招标人对已发出的招标文件进行必要的澄清或者修改的，应当在招标文件要求提交投标文件截止时间至少 15 日前，以书面形式通知所有的招标文件收受人。该澄清或者修改的内容为招标文件的组成部分。

第十六条 招标人根据物业管理项目的具体情况，可以组织潜在的投标申请人踏勘物业项目现场，并提供隐蔽工程图纸等详细资料。对投标申请人提出的疑问应当予以澄清并以书面形式发送给所有的招标文件收受人。

第十七条 招标人不得向他人透露已获取招标文件的潜在投标人的名称、数量以及可能影响公平竞争的有关招标投标的其他情况。

招标人设有标底的，标底必须保密。

第十八条 在确定中标人前，招标人不得与投标人就投标价格、投标方案等实质内容进行谈判。

第十九条 通过招标投标方式选择物业管理企业的，招标人应当按照以下规定时限完成物业管理招标投标工作：

（一）新建现售商品房项目应当在现售前 30 日完成；

（二）预售商品房项目应当在取得《商品房预售许可证》之前完成；

（三）非出售的新建物业项目应当在交付使用前 90 日完成。

第三章 投　　标

第二十条 本办法所称投标人是指响应前期物业管理招标、参与投标竞争的物业管理企业。

投标人应当具有相应的物业管理企业资质和招标文件要求的其他条件。

第二十一条 投标人对招标文件有疑问需要澄清的，应当以书面形式向招标人提出。

第二十二条 投标人应当按照招标文件的内容和要求编制投标文件，投标文件应当对招标文件提出的实质性要求和条件作出响应。

投标文件应当包括以下内容：

（一）投标函；

（二）投标报价；

（三）物业管理方案；

（四）招标文件要求提供的其他材料。

第二十三条 投标人应当在招标文件要求提交投标文件的截止时间前，将投标文件密封送达投标地点。招标人收到投标文件后，应当向投标人出具标明签收人和签收时间的凭证，并妥善保存投标文件。在开标前，任何单位和个人均不得开启投标文件。在招标文件要求提交投标文件的截止时间后送达的投标文件，为无效的投标文件，招标人应当拒收。

第二十四条 投标人在招标文件要求提交投标文件的截止时间前，可以补充、修改或者撤回已提交的投标文件，并书面通知招标人。补充、修改的内容为投标文件的组成部分，并应当按照本办法第二十三条的规定送达、签收和保管。在招标文件要求提交投标文件的截止时间后送达的补充或者修改的内容无效。

第二十五条 投标人不得以他人名义投标或者以其他方式弄虚作假，骗取中标。

投标人不得相互串通投标，不得排挤其他投标人的公平竞争，不得损害招标人或者其他投标人的合法权益。

投标人不得与招标人串通投标,损害国家利益、社会公共利益或者他人的合法权益。

禁止投标人以向招标人或者评标委员会成员行贿等不正当手段谋取中标。

第四章 开标、评标和中标

第二十六条 开标应当在招标文件确定的提交投标文件截止时间的同一时间公开进行;开标地点应当为招标文件中预先确定的地点。

第二十七条 开标由招标人主持,邀请所有投标人参加。开标应当按照下列规定进行:

由投标人或者其推选的代表检查投标文件的密封情况,也可以由招标人委托的公证机构进行检查并公证。经确认无误后,由工作人员当众拆封,宣读投标人名称、投标价格和投标文件的其他主要内容。

招标人在招标文件要求提交投标文件的截止时间前收到的所有投标文件,开标时都应当当众予以拆封。

开标过程应当记录,并由招标人存档备查。

第二十八条 评标由招标人依法组建的评标委员会负责。

评标委员会由招标人代表和物业管理方面的专家组成,成员为5人以上单数,其中招标人代表以外的物业管理方面的专家不得少于成员总数的三分之二。

评标委员会的专家成员,应当由招标人从房地产行政主管部门建立的专家名册中采取随机抽取的方式确定。

与投标人有利害关系的人不得进入相关项目的评标委员会。

第二十九条 房地产行政主管部门应当建立评标的专家名册。省、自治区、直辖市人民政府房地产行政主管部门可以将专家数量少的城市的专家名册予以合并或者实行专家名册计算机联网。

房地产行政主管部门应当对进入专家名册的专家进行有关法律和业务培训,对其评标能力、廉洁公正等进行综合考评,及时取消不称职或者违法违规人员的评标专家资格。被取消评标专家资格的人员,不得再参加任何评标活动。

第三十条 评标委员会成员应当认真、公正、诚实、廉洁地履行职责。

评标委员会成员不得与任何投标人或者与招标结果有利害关系的人进行私下接触,不得收受投标人、中介人、其他利害关系人的财物或者其他好处。

评标委员会成员和与评标活动有关的工作人员不得透露对投标文件的评审和比较、中标候选人的推荐情况以及与评标有关的其他情况。

前款所称与评标活动有关的工作人员,是指评标委员会成员以外的因参与评标监督工作或者事务性工作而知悉有关评标情况的所有人员。

第三十一条 评标委员会可以用书面形式要求投标人对投标文件中含义不明确的内容作必要的澄清或者说明。投标人应当采用书面形式进行澄清或者说明,其澄清或者说明不得超出投标文件的范围或者改变投标文件的实质性内容。

第三十二条 在评标过程中召开现场答辩会的,应当事先在招标文件中说明,并注明所占的评分比重。

评标委员会应当按照招标文件的评标要求，根据标书评分、现场答辩等情况进行综合评标。

除了现场答辩部分外，评标应当在保密的情况下进行。

第三十三条 评标委员会应当按照招标文件确定的评标标准和方法，对投标文件进行评审和比较，并对评标结果签字确认。

第三十四条 评标委员会经评审，认为所有投标文件都不符合招标文件要求的，可以否决所有投标。

依法必须进行招标的物业管理项目的所有投标被否决的，招标人应当重新招标。

第三十五条 评标委员会完成评标后，应当向招标人提出书面评标报告，阐明评标委员会对各投标文件的评审和比较意见，并按照招标文件规定的评标标准和评标方法，推荐不超过3名有排序的合格的中标候选人。

招标人应当按照中标候选人的排序确定中标人。当确定中标的中标候选人放弃中标或者因不可抗力提出不能履行合同的，招标人可以依序确定其他中标候选人为中标人。

第三十六条 招标人应当在投标有效期截止时限30日前确定中标人。投标有效期应当在招标文件中载明。

第三十七条 招标人应当向中标人发出中标通知书，同时将中标结果通知所有未中标的投标人，并应当返还其投标书。

招标人应当自确定中标人之日起15日内，向物业项目所在地的县级以上地方人民政府房地产行政主管部门备案。备案资料应当包括开标评标过程、确定中标人的方式及理由、评标委员会的评标报告、中标人的投标文件等资料。委托代理招标的，还应当附招标代理委托合同。

第三十八条 招标人和中标人应当自中标通知书发出之日起30日内，按照招标文件和中标人的投标文件订立书面合同；招标人和中标人不得再行订立背离合同实质性内容的其他协议。

第三十九条 招标人无正当理由不与中标人签订合同，给中标人造成损失的，招标人应当给予赔偿。

第五章 附 则

第四十条 投标人和其他利害关系人认为招标投标活动不符合本办法有关规定的，有权向招标人提出异议，或者依法向有关部门投诉。

第四十一条 招标文件或者投标文件使用两种以上语言文字的，必须有一种是中文；如对不同文本的解释发生异议的，以中文文本为准。用文字表示的数额与数字表示的金额不一致的，以文字表示的金额为准。

第四十二条 本办法第三条规定住宅规模较小的，经物业所在地的区、县人民政府房地产行政主管部门批准，可以采用协议方式选聘物业管理企业的，其规模标准由省、自治区、直辖市人民政府房地产行政主管部门确定。

第四十三条 业主和业主大会通过招投标的方式选聘具有相应资质的物业管理企业的，参照本办法执行。

第四十四条 本办法自2003年9月1日起施行。

附录 3

物业服务收费管理办法

(国家发展改革委、建设部 发改价格 [2003] 1864 号，
2004 年 1 月 1 日起施行)

第一条 为规范物业服务收费行为，保障业主和物业管理企业的合法权益，根据《中华人民共和国价格法》和《物业管理条例》，制定本办法。

第二条 本办法所称物业服务收费，是指物业管理企业按照物业服务合同的约定，对房屋及配套的设施设备和相关场地进行维修、养护、管理，维护相关区域内的环境卫生和秩序，向业主所收取的费用。

第三条 国家提倡业主通过公开、公平、公正的市场竞争机制选择物业管理企业；鼓励物业管理企业开展正当的价格竞争，禁止价格欺诈，促进物业服务收费通过市场竞争形成。

第四条 国务院价格主管部门会同国务院建设行政主管部门负责全国物业服务收费的监督管理工作。

县级以上地方人民政府价格主管部门会同同级房地产行政主管部门负责本行政区域内物业服务收费的监督管理工作。

第五条 物业服务收费应当遵循合理、公开以及费用与服务水平相适应的原则。

第六条 物业服务收费应当区分不同物业的性质和特点分别实行政府指导价和市场调节价。具体定价形式由省、自治区、直辖市人民政府价格主管部门会同房地产行政主管部门确定。

第七条 物业服务收费实行政府指导价的，有定价权限的人民政府价格主管部门应当会同房地产行政主管部门根据物业管理服务等级标准等因素，制定相应的基准价及其浮动幅度，并定期公布。具体收费标准由业主与物业管理企业根据规定的基准价和浮动幅度在物业服务合同中约定。

实行市场调节价的物业服务收费，由业主与物业管理企业在物业服务合同中约定。

第八条 物业管理企业应当按照政府价格主管部门的规定实行明码标价，在物业管理区域内的显著位置，将服务内容、服务标准以及收费项目、收费标准等有关情况进行公示。

第九条 业主与物业管理企业可以采取包干制或者酬金制等形式约定物业服务费用。

包干制是指由业主向物业管理企业支付固定物业服务费用，盈余或者亏损均由物业管理企业享有或者承担的物业服务计费方式。

酬金制是指在预收的物业服务资金中按约定比例或者约定数额提取酬金支付给物业管理企业，其余全部用于物业服务合同约定的支出，结余或者不足均由业主享有或者承担的物业服务计费方式。

第十条 建设单位与物业买受人签订的买卖合同，应当约定物业管理服务内容、服务

标准、收费标准、计费方式及计费起始时间等内容，涉及物业买受人共同利益的约定应当一致。

第十一条 实行物业服务费用包干制的，物业服务费用的构成包括物业服务成本、法定税费和物业管理企业的利润。

实行物业服务费用酬金制的，预收的物业服务资金包括物业服务支出和物业管理企业的酬金。

物业服务成本或者物业服务支出构成一般包括以下部分：
（一）管理服务人员的工资、社会保险和按规定提取的福利费等；
（二）物业共用部位、共用设施设备的日常运行、维护费用；
（三）物业管理区域清洁卫生费用；
（四）物业管理区域绿化养护费用；
（五）物业管理区域秩序维护费用；
（六）办公费用；
（七）物业管理企业固定资产折旧；
（八）物业共用部位、共用设施设备及公众责任保险费用；
（九）经业主同意的其它费用。

物业共用部位、共用设施设备的大修、中修和更新、改造费用，应当通过专项维修资金予以列支，不得计入物业服务支出或者物业服务成本。

第十二条 实行物业服务费用酬金制的，预收的物业服务支出属于代管性质，为所交纳的业主所有，物业管理企业不得将其用于物业服务合同约定以外的支出。

物业管理企业应当向业主大会或者全体业主公布物业服务资金年度预决算并每年不少于一次公布物业服务资金的收支情况。

业主或者业主大会对公布的物业服务资金年度预决算和物业服务资金的收支情况提出质询时，物业管理企业应当及时答复。

第十三条 物业服务收费采取酬金制方式，物业管理企业或者业主大会可以按照物业服务合同约定聘请专业机构对物业服务资金年度预决算和物业服务资金的收支情况进行审计。

第十四条 物业管理企业在物业服务中应当遵守国家的价格法律法规，严格履行物业服务合同，为业主提供质价相符的服务。

第十五条 业主应当按照物业服务合同的约定按时足额交纳物业服务费用或者物业服务资金。业主违反物业服务合同约定逾期不交纳服务费用或者物业服务资金的，业主委员会应当督促其限期交纳；逾期仍不交纳的，物业管理企业可以依法追缴。

业主与物业使用人约定由物业使用人交纳物业服务费用或者物业服务资金的，从其约定，业主负连带交纳责任。

物业发生产权转移时，业主或者物业使用人应当结清物业服务费用或者物业服务资金。

第十六条 纳入物业管理范围的已竣工但尚未出售，或者因开发建设单位原因未按时交给物业买受人的物业，物业服务费用或者物业服务资金由开发建设单位全额交纳。

第十七条 物业管理区域内，供水、供电、供气、供热、通讯、有线电视等单位应当向最终用户收取有关费用。物业管理企业接受委托代收上述费用的，可向委托单位收取手续费，不得向业主收取手续费等额外费用。

第十八条 利用物业共用部位、共用设施设备进行经营的，应当在征得相关业主、业主大会、物业管理企业的同意后，按照规定办理有关手续。业主所得收益应当主要用于补充专项维修资金，也可以按照业主大会的决定使用。

第十九条 物业管理企业已接受委托实施物业服务并相应收取服务费用的，其他部门和单位不得重复收取性质和内容相同的费用。

第二十条 物业管理企业根据业主的委托提供物业服务合同约定以外的服务，服务收费由双方约定。

第二十一条 政府价格主管部门会同房地产行政主管部门，应当加强对物业管理企业的服务内容、标准和收费项目、标准的监督。物业管理企业违反价格法律、法规和规定，由政府价格主管部门依据《中华人民共和国价格法》和《价格违法行为行政处罚规定》予以处罚。

第二十二条 各省、自治区、直辖市人民政府价格主管部门、房地产行政主管部门可以依据本办法制定具体实施办法，并报国家发展和改革委员会、建设部备案。

第二十三条 本办法由国家发展和改革委员会会同建设部负责解释。

第二十四条 本办法自2004年1月1日起执行，原国家计委、建设部印发的《城市住宅小区物业管理服务收费暂行办法》（计价费［1996］266号）同时废止。

附录 4

业主大会规程

(建设部建住房 [2003] 131 号，2003 年 9 月 1 日起施行)

第一条 为了规范业主大会的活动，维护业主的合法权益，根据《物业管理条例》，制定本规程。

第二条 业主大会应当代表和维护物业管理区域内全体业主在物业管理活动中的合法权益。

第三条 一个物业管理区域只能成立一个业主大会。

业主大会由物业管理区域内的全体业主组成。

业主大会应当设立业主委员会作为执行机构。

业主大会自首次业主大会会议召开之日起成立。

第四条 只有一个业主，或者业主人数较少且经全体业主同意，决定不成立业主大会的，由业主共同履行业主大会、业主委员会职责。

第五条 业主筹备成立业主大会的，应当在物业所在地的区、县人民政府房地产行政主管部门和街道办事处（乡镇人民政府）的指导下，由业主代表、建设单位（包括公有住房出售单位）组成业主大会筹备组（以下简称筹备组），负责业主大会筹备工作。

筹备组成员名单确定后，以书面形式在物业管理区域内公告。

第六条 筹备组应当做好下列筹备工作：

（一）确定首次业主大会会议召开的时间、地点、形式和内容；

（二）参照政府主管部门制订的示范文本，拟定《业主大会议事规则》（草案）和《业主公约》（草案）；

（三）确认业主身份，确定业主在首次业主大会会议上的投票权数；

（四）确定业主委员会委员候选人产生办法及名单；

（五）做好召开首次业主大会会议的其他准备工作。

前款（一）、（二）、（三）、（四）项的内容应当在首次业主大会会议召开 15 日前以书面形式在物业管理区域内公告。

第七条 业主在首次业主大会会议上的投票权数，按照省、自治区、直辖市制定的具体办法确定。

第八条 筹备组应当自组成之日起 30 日内在物业所在地的区、县人民政府房地产行政主管部门的指导下，组织业主召开首次业主大会会议，并选举产生业主委员会。

第九条 业主大会履行以下职责：

（一）制定、修改业主公约和业主大会议事规则；

（二）选举、更换业主委员会委员，监督业主委员会的工作；

（三）选聘、解聘物业管理企业；

（四）决定专项维修资金使用、续筹方案，并监督实施；

（五）制定、修改物业管理区域内物业共用部位和共用设施设备的使用、公共秩序和环境卫生的维护等方面的规章制度；

（六）法律、法规或者业主大会议事规则规定的其他有关物业管理的职责。

第十条 业主大会议事规则应当就业主大会的议事方式、表决程序、业主投票权确定办法、业主委员会的组成和委员任期等事项依法作出约定。

第十一条 业主公约应当对有关物业的使用、维护、管理，业主的共同利益，业主应当履行的义务，违反公约应当承担的责任等事项依法作出约定。

业主公约对全体业主具有约束力。

第十二条 业主大会会议分为定期会议和临时会议。

业主大会定期会议应当按照业主大会议事规则的规定由业主委员会组织召开。

有下列情况之一的，业主委员会应当及时组织召开业主大会临时会议：

（一）20%以上业主提议的；

（二）发生重大事故或者紧急事件需要及时处理的；

（三）业主大会议事规则或者业主公约规定的其他情况。

发生应当召开业主大会临时会议的情况，业主委员会不履行组织召开会议职责的，区、县人民政府房地产行政主管部门应当责令业主委员会限期召开。

第十三条 业主委员会应当在业主大会会议召开15日前将会议通知及有关材料以书面形式在物业管理区域内公告。

住宅小区的业主大会会议，应当同时告知相关的居民委员会。

第十四条 业主因故不能参加业主大会会议的，可以书面委托代理人参加。

第十五条 业主大会会议可以采用集体讨论的形式，也可以采用书面征求意见的形式；但应当有物业管理区域内持有1/2以上投票权的业主参加。

第十六条 物业管理区域内业主人数较多的，可以幢、单元、楼层等为单位，推选一名业主代表参加业主大会会议。

推选业主代表参加业主大会会议的，业主代表应当于参加业主大会会议3日前，就业主大会会议拟讨论的事项书面征求其所代表的业主意见，凡需投票表决的，业主的赞同、反对及弃权的具体票数经本人签字后，由业主代表在业主大会投票时如实反映。

业主代表因故不能参加业主大会会议的，其所代表的业主可以另外推选一名业主代表参加。

第十七条 业主大会作出决定，必须经与会业主所持投票权1/2以上通过。

业主大会作出制定和修改业主公约、业主大会议事规则、选聘、解聘物业管理企业、专项维修资金使用、续筹方案的决定，必须经物业管理区域内全体业主所持投票权2/3以上通过。

第十八条 业主大会会议应当由业主委员会作书面记录并存档。

第十九条 业主大会作出的决定对物业管理区域内的全体业主具有约束力。

业主大会的决定应当以书面形式在物业管理区域内及时公告。

第二十条 业主委员会应当自选举产生之日起3日内召开首次业主委员会会议，推选产生业主委员会主任1人，副主任1~2人。

第二十一条 业主委员会委员应当符合下列条件：

（一）本物业管理区域内具有完全民事行为能力的业主；
（二）遵守国家有关法律、法规；
（三）遵守业主大会议事规则、业主公约，模范履行业主义务；
（四）热心公益事业，责任心强，公正廉洁，具有社会公信力；
（五）具有一定组织能力；
（六）具备必要的工作时间。

第二十二条　业主委员会应当自选举产生之日起 30 日内，将业主大会的成立情况、业主大会议事规则、业主公约及业主委员会委员名单等材料向物业所在地的区、县人民政府房地产行政主管部门备案。

业主委员会备案的有关事项发生变更的，依照前款规定重新备案。

第二十三条　业主委员会履行以下职责：
（一）召集业主大会会议，报告物业管理的实施情况；
（二）代表业主与业主大会选聘的物业管理企业签订物业服务合同；
（三）及时了解业主、物业使用人的意见和建议，监督和协助物业管理企业履行物业服务合同；
（四）监督业主公约的实施；
（五）业主大会赋予的其他职责。

第二十四条　业主委员会应当督促违反物业服务合同约定逾期不交纳物业服务费用的业主，限期交纳物业服务费用。

第二十五条　经三分之一以上业主委员会委员提议或者业主委员会主任认为有必要的，应当及时召开业主委员会会议。

第二十六条　业主委员会会议应当作书面记录，由出席会议的委员签字后存档。

第二十七条　业主委员会会议应当有过半数委员出席，作出决定必须经全体委员人数半数以上同意。

业主委员会的决定应当以书面形式在物业管理区域内及时公告。

第二十八条　业主委员会任期届满 2 个月前，应当召开业主大会会议进行业主委员会的换届选举；逾期未换届的，房地产行政主管部门可以指派工作人员指导其换届工作。

原业主委员会应当在其任期届满之日起 10 日内，将其保管的档案资料、印章及其他属于业主大会所有的财物移交新一届业主委员会，并做好交接手续。

第二十九条　经业主委员会或者 20% 以上业主提议，认为有必要变更业主委员会委员的，由业主大会会议作出决定，并以书面形式在物业管理区域内公告。

第三十条　业主委员会委员有下列情形之一的，经业主大会会议通过，其业主委员会委员资格终止：
（一）因物业转让、灭失等原因不再是业主的；
（二）无故缺席业主委员会会议连续三次以上的；
（三）因疾病等原因丧失履行职责能力的；
（四）有犯罪行为的；
（五）以书面形式向业主大会提出辞呈的；
（六）拒不履行业主义务的；

（七）其他原因不宜担任业主委员会委员的。

第三十一条 业主委员会委员资格终止的，应当自终止之日起 3 日内将其保管的档案资料、印章及其他属于业主大会所有的财物移交给业主委员会。

第三十二条 因物业管理区域发生变更等原因导致业主大会解散的，在解散前，业主大会、业主委员会应当在区、县人民政府房地产行政主管部门和街道办事处（乡镇人民政府）的指导监督下，做好业主共同财产清算工作。

第三十三条 业主大会、业主委员会应当依法履行职责，不得作出与物业管理无关的决定，不得从事与物业管理无关的活动。

业主大会、业主委员会作出的决定违反法律、法规的，物业所在地的区、县人民政府房地产行政主管部门，应当责令限期改正或者撤销其决定，并通告全体业主。

第三十四条 业主大会、业主委员会应当配合公安机关，与居民委员会相互协作，共同做好维护物业管理区域内的社会治安等相关工作。

在物业管理区域内，业主大会、业主委员会应当积极配合相关居民委员会依法履行自治管理职责，支持居民委员会开展工作，并接受其指导和监督。

住宅小区的业主大会、业主委员会作出的决定，应当告知相关的居民委员会，并听取居民委员会的建议。

第三十五条 业主大会和业主委员会开展工作的经费由全体业主承担；经费的筹集、管理、使用具体由业主大会议事规则规定。

业主大会和业主委员会工作经费的使用情况应当定期以书面形式在物业管理区域内公告，接受业主的质询。

第三十六条 业主大会和业主委员会的印章依照有关法律法规和业主大会议事规则的规定刻制、使用、管理。

违反印章使用规定，造成经济损失或者不良影响的，由责任人承担相应的责任。

主要参考文献

1 丁芸，谭善勇编著. 物业管理案例精选与解析. 北京：中国建筑工业出版社，2003
2 刘长森编著. 物业管理纠纷典型案例评析. 北京：中国建筑工业出版社，2002
3 唐海洲. 物业管理纠纷评判依据及案例解析. 北京：中国物价出版社，2003
4 颜真，杨吟编著. 物业管理危机处理及案例分析. 成都：西南财经大学出版社，2002
5 张跃庆等主编. 物业管理. 北京：经济日报出版社，1995
6 丁芸，马洪波编著. 房地产业租税费体系研究. 北京：中国公安大学出版社，2000
7 黄安永著. 物业管理140问. 南京：江苏人民出版社，2000
8 罗小钢等著. 物业管理疑难解答. 广州：中山大学出版社，2000
9 文林峰编著. 物业管理面面观. 北京：中国劳动社会保障出版社，1999
10 季如进主编. 物业管理. 沈阳：辽宁大学出版社，2001
11 赵绍鸿主编，谭善勇副主编. 物业管理实务. 北京：中国林业出版社，2000
12 杨学炳，邓保同编著. 物业管理法概论. 武汉：华中师范大学出版社，1998

全国高职高专教育土建类专业教学指导委员会规划推荐教材

（工程造价与建筑管理类专业适用）

征订号	书　名	定价	作者	备注
X12560	建筑经济	15.00	吴泽	可供
X12551	建筑构造与识图	32.00	高远	可供
X12552	建筑结构基础与识图	16.00	杨太生	可供
X12559	建筑设备安装识图与施工工艺	24.00	汤万龙　刘玲	可供
X12553	建筑与装饰材料	23.00	宋岩丽	可供
X12562	建筑工程预算（第二版）	30.00	袁建新	可供（国家"十五"规划教材）
X12561	工程量清单计价	27.00	袁建新	可供
X12556	建筑设备安装工程预算	14.00	景星蓉　杨宾	可供
X12557	建筑装饰工程预算	12.00	但霞	可供
X12558	工程造价控制	15.00	张凌云	可供
X12555	工程建设定额原理与实务	12.00	何辉	可供
X12554	建筑工程项目管理	23.00	项建国	可供

欲了解更多信息，请登录中国建筑工业出版社网站：http：//www.cabp.com.cn查询。